金师起点·新营销书系

互联网＋时代下的人性营销

许　宏　王韬洵　刘永攀◎著

中国财富出版社

图书在版编目（CIP）数据

互联网+时代下的人性营销/许宏，王韬洵，刘永攀著.—北京：中国财富出版社，2017.1（2017.11重印）

（金师起点·新营销书系）

ISBN 978-7-5047-6292-4

Ⅰ.①互… Ⅱ.①许… ②王… ③刘… Ⅲ.①网络营销 Ⅳ.①F713.365.2

中国版本图书馆CIP数据核字（2016）第254199号

策划编辑 宋 宇 **责任编辑** 齐惠民 李晓奇

责任印制 方朋远 梁 凡 **责任校对** 杨小静 张营营 **责任发行** 敬 东

出版发行 中国财富出版社

社　　址 北京市丰台区南四环西路188号5区20楼 **邮政编码** 100070

电　　话 010-52227588转2048/2028（发行部） 010-52227588转307（总编室）

010-68589540（读者服务部） 010-52227588转305（质检部）

网　　址 http：//www.cfpress.com.cn

经　　销 新华书店

印　　刷 北京京都六环印刷厂

书　　号 ISBN 978-7-5047-6292-4/F·2677

开　　本 710mm×1000mm 1/16 **版　　次** 2017年1月第1版

印　　张 12.75 **印　　次** 2017年11月第2次印刷

字　　数 157千字 **定　　价** 32.00元

序　言

移动互联网的浪潮已经来了。中国企业的老板们，无疑是有智慧的群体，他们十分了解移动互联网的影响力。在各种企业家课堂中，关于移动互联网的课程已成为不可缺少的一部分。很多做互联网比较成功的老师，尽管年纪轻轻，却开始给比自己年长几岁甚至十几岁的老板们讲课，台下的企业家们还听得津津有味。

大家天天都在谈论移动互联网和新媒体的话题，但是大家心里都清楚，谁也不能保证学了就能用得上，用得好，用了就能创造多少业绩。不过，你不去关注，不去学习，无疑就会落后于这个时代。互联网已经成为创业者、上班族、各行各业必备的工具。

海尔集团首席执行官张瑞敏曾经说："没有伟大的企业，只有时代的企业。任何一个成功的企业，都是乘了时代的大势。"时代在发展，企业主们也要学会与时俱进。时势造英雄，看看我们身边的创业英雄，他们都是一拨一拨出现的，有大洋彼岸的乔布斯、比尔·盖茨，也有国内的马云、张朝阳、李彦宏、马化腾等，他们都赶上了互联网发展的大势。在这个"大众创业，万众创新"的时代，对于一个有梦想、想要创业、想要做出一番事业的人来说，移动互联网以及新媒体是不可错过的大势。

互联网能够真正地让商业回归人性。商业的本质是赢利，赢利靠的是营销，我们从人性的角度延伸，来谈谈营销、商业、互联网、移动互联网、互联网思维与方法等。

首先，我们来思考一个问题：钱是从哪里来的？只有先弄清楚这个问题，才能掌握赚大钱的方法，才会找到赚钱的源泉。

有人说钱是从银行里来的。错！作为一个商人，作为一个生意人，应该懂得钱从市场上来，钱从客户的口袋里来。能够合理合法地从客户的口袋里拿钱是一种本事。很多人对此不太理解，其实这个道理很简单，我们就以银行为例，如果你还坚持你的钱是从银行来的，那你再仔细想想，银行的钱又是从哪里来的？银行的钱不也是客户存进去的，如果没有客户去存钱，银行怎么有钱贷出去呢，又怎么能赚到钱呢？

再说企业，企业的钱同样也是从客户那里来的。我们可以设想一下，一个企业如果只有董事长、总经理、高层管理人员、中层管理人员、员工，但就是没有客户，那么，这样的企业能赚到钱吗？当然不会，很可能股东投入的钱很快就会花光了。现在你对“钱从客户那里来的”应该明白了吧！

怎样开发客户，怎样维护客户，怎样从客户的口袋里赚钱，这就需要研究人性。成功的商人都是精通人性的，像乔布斯、马云、刘强东等。研究透人性，从人性出发，才能更好地做营销，做市场，才能更好地抓住移动互联网的大势做出一番事业。

由人性延伸到人的需求。马斯洛需求理论告诉我们，人有五大需求层次：生理需要，安全需要，社交需要，自尊需要，自我实现需要。仔细想一想，任何商业行为，都逃离不了人的这几个需要。一个精通人性、能够满足人的需求的商人一定会拥有更多的财富。

有需求就有市场，就有生存的空间，就有无限的商机。而满足需求，满足市场，就离不开产品。产品分为两种，一种是有形的实体产品，另一种是无形的产品。

满足需求，满足市场，就离不开营销。营销的本质就是满足客户的需要，营销分为两种：一种是传统营销，另一种是互联网营销。

传统营销是一种自上而下的金字塔模式，如总代—省代—市代—县代。而互联网营销是产品直接到达客户，省略了中间环节，大大缩短了产品到达客户手中的时间。传统营销是一种中心化权威式的营销，企业高高在上；互联网营销是一种去中心化网状结构的营销，企业人格化，企业和客户沟通就好比两个人沟通，企业和客户两者的地位是平等的。

互联网销售对传统行业销售的冲击是巨大的，特别是零售行业，它是直接面对客户的行业。比如，十年前的万达广场和十年后的万达广场的布局是完全不一样的，今天你去看一看，那里更多的是餐饮、理发类的体验店，服装店则越来越少。那些服装店一天来不了几个客户，偶尔来几个客户，试完衣服拍了照片就走了。去哪儿了？去网上买。由此可见，互联网时代的O2O（从线上到线下）模式“革”了实体店铺的“命”。O2O是线上营销线上购买或预订（预约）带动线下经营和线下消费的一种创新模式，代表着商业发展的未来。

下面谈一谈互联网思维。所谓互联网思维，就是在（移动）互联网+、大数据、云计算等科技不断发展的背景下，对市场、用户、产品、企业价值链乃至对整个商业生态进行重新审视的思考方式。互联网思维具有鲜明的人性色彩，体现了商业回归人性的必然趋势。

用户思维：一切以用户为中心。互联网消除了信息不对称，使消费者掌握了更多的产品、价格、品牌方面的信息；互联网的存在使得市场竞争更为充分。一切以用户为中心，如何提高用户的参与感，如何在恰当的时候激励用户，保持敏感的思维和触觉，随时感知到可能存在的引爆点，互联网思维的运营应该往这个方向去发展。

平台思维：开放、共享、共赢。建立这样的平台主要包括了三个层面：一是建立企业生态圈，打造一个事业平台；二是对于一些小企业而言，要善于利用现有的公共资源平台；三是对企业自身而言，要让企业成为员工的发展平台。

流量思维：有流量才有价值。互联网流量可以理解为用户的访问数量，利用流量提高转化率，最终达到赢利的目的。转化率就是用户进入网站，有多少比例会购买商品。有了一定的用户访问量也就是用户流量，就一定会有部分用户购买商品，这就是网站流量赢利思维。“目光聚集之处，金钱必将追随。”流量即金钱，流量即入口，流量的价值不必多言。

社会化思维：社交商业时代来临。社会化的过程是人与社会相互适应的过程，在互联网时代，引申到企业与社会及企业与人之间的交互。而社会化思维就是指企业要更深入、更及时地与消费者进行互动与沟通，或对社会化的网络载体在生产、销售、渠道、传播等领域的应用。

极致思维：只有第一，没有第二。所谓极致思维，就是把产品、服务做到极致，把用户体验做到极致，超越用户预期。好产品是会说话的，是能够自行传播的。在这个社会化媒体时代，好产品自然会形成口碑传播。让消费者“尖叫”，意味着必须把产品做到极致。

创新思维：靠创新赢得竞争。创新是以现有的思维模式，提出有别于常规或常人思路的见解，利用现有的知识和物质，在特定的环境中，本着理想化需要或为满足社会需求，而改进或创造新的事物、方法、元素、路径、环境，并获得一定有益效果的行为。企业进步的动力在于持续不断的创新与完善。

大数据思维：引爆大数据营销。所谓大数据思维，就是人们对大数据的认识，对企业资产、关键竞争要素的理解。用户在网络上可以获得信息、行为、关系等层面的数据，比如用户登录电商平台，会填写邮箱、手机号码、地址等，这是信息层面的数据；用户在网站上浏览、购买了什么商品，这属于行为层面的数据；用户把这些商品分享给了谁、找谁代付，这些是关系层面的数据。这些数据的沉淀，有助于企业进行预测和决策。海量用户和良好的数据资产将成为企业未来的核心竞争力。

跨界思维：重塑产业格局。大家都知道，市场竞争激烈，你能想到的，别人也能想到，于是就出现了同质化，造成传统的经营模式和商业模式已经不能纵深发展。而互联网改变了这一格局，互联网企业的触角已经无孔不入，零售、制造、金融、电信、娱乐，等等。

目 录

Contents

第一章　人性营销的威力与秘密

为什么同样的公司和产品，有的人销售业绩惨淡，有的人却财源滚滚而来？为什么有人拥有最好的产品，却濒临倒闭破产？为什么有人根本卖不出去的产品，而他人却不费吹灰之力地卖掉，不仅把产品卖出去，还能卖高价？这就是人性营销的威力与秘密。

一、走进人性世界，瞬间引爆销量

在当下的互联网时代，一切皆有可能。用 100 个微博账号去发布女孩子喜欢的商品，一旦有新用户通过新浪微博注册，团队 10 个人迅速围上去做激烈评论，这样就可以培养第一批种子用户；三个月后，这批用户成为蘑菇街社区的意见领袖，也成为奠定蘑菇街迅速壮大的基石。一部《上海女大学生遭遇僵尸记》的微电影 3 天内点击量超百万，被网友疯狂转载，为万圣节期间的欢乐谷赢来顾客与关注。

引爆销量需要抓住人性，需要打造具有吸引力的内容，要打动人的欲望本能。人是有欲望的，而产品正是要为满足人的欲望服务。

1. 购买行为受思维驱动

人的行为受情感驱动，而情感又是受思维驱动的。人的行动链为“思维—情感—行动”，所以，行动是思维决定的。比如，你想购买某一类产品，此时你会考虑“哪一个品牌的产品是好的，哪一个品牌的产品是不好的”“什么样的产品值钱，什么样的产品不值钱”“使用了这个产品，能够达到什么样的理想状态”“使用这个产品需要注意什么”……这些都是购买行动前的思维。

说起小米公司，大家十分熟悉：小米公司是2010年4月成立的年轻公司，它旗下的第一款手机是2011年8月发布的，公司创业短短几年时间，年销售额做到几百亿元人民币，公司估值已超过100亿美元。

更令人惊讶的是，“小米”几乎“零投入”的营销模式。公司通过论坛、微博、微信等社会化营销模式，凝聚起粉丝的力量，把“小米”快速打造为知名品牌。

小米公司成立至今，在产业链的每一个环节上尝试着颠覆，渐渐形成一套自己独特的理论。比如雷军的“小餐馆理论”，即最成功的老板是小餐馆的老板，因为每一个客户都是朋友；互联网“七字诀”：专注、极致、口碑、快；不计成本地做最好产品，让用户“尖叫”；等等。

作为销售人员，我们卖给消费者的不是产品，而是一种梦想的变化和结果。因为梦想是未来的事情，所以它现在只是一种思维模式。你如何去影响这种思维模式，决定了客户会不会采取某种行动。

这一点非常重要，这相当于塑造了一个人的思维定式和思维标准。如果我们具备某种程度的思维能力，就能够影响某种行为。所以，作为一名营销人员，需要研究客户行为背后的思维模式，然后把这种模式用到自己的营销上，这就是人性营销。

例如，怎样创造稀缺性和紧迫感？就像小米公司惯用的“饥饿营销”，这需要技巧。但关键是，为什么客户会这么认为？为什么客户会觉得这个东西有价值，而那个东西没有价值呢？这些认识不是与生俱来的，而是后天受别人影响的结果。

人们怎么选择产品是由思维模式决定的。很多人在给客户看产品之前都喜欢给客户讲道理。但是，如果这些道理之间没有任何逻辑关系，那就没有用，因为你很难改变客户的思维模式。改变客户的思维模式是需要一些技巧的，如果你的方式比较生硬、直接，就会遇到阻力，这个时候你需要完全站在客户的角度，帮助他理清思路。

2. 没有销售，只有自我销售

很多销售员喜欢“高压销售”，恨不得客户立刻做出购买的决定。有的销售员可能会说：“如果你不购买，你的人生就会一塌糊涂；如果你不购买，你的一生就注定要失败。”这个姿态太“高压”了，要知道，真正的销售只是改变客户的思维模式，客户做出某种购买行为完全是基于他自己思考的结果。

我们做出某种判断的时候，往往是因为我们就是这么想的。也就是说，不要对客户进行销售，而要想办法让他“自我销售”。你的目标就是帮助客户做出“我要购买”的决定。

有一天，大风和太阳比赛，看谁的威力更大。大风觉得自己的威力更大，它说：“你看下面有一个穿大衣的人，我能让他把大衣脱下来。”太阳说：“那你就试试吧！”于是，大风开始疯狂地刮、猛烈地刮，一时间狂风大作。可是它刮得越狠，这个人就把大衣裹得越紧。它刮了半天，也没能让这个人把大衣脱下来。太阳说：“你先停一会儿，让我来试一下。”于是，太阳出来了，它开始慢慢地升温，过了没多久，这个人就热得受不了了，很快就把大衣脱了下来。

其实，营销就是要创造太阳这样的结果，让客户自己做决定，而不能像大风那样疯狂地对人施加压力。

美国有一个著名的心理学家叫艾瑞克森，他是一个天才，对人类大脑思维有很多独特的见解。艾瑞克森很小的时候就开始观察人，对人性有着深刻的理解。

艾瑞克森小时候住在乡下，每次下大雪的时候，他总是第一个起床，因为他要走很远的路去上课。从他家到学校是一条直路，但是他经常不直着走而是斜着走，且故意走很多弯路。因为他起得很早，所以是第一个留下脚印的人，结果他发现，后面的同学几乎都是踩着他的脚印走，尽管大家都知道那是条弯路。

这个现象让艾瑞克森深受启发，原来大多数人都不习惯独立思考，看来这个世界渴望得到“领导”。也就是说，人们渴望别人替自己做出决定。

有一次，艾瑞克森发现自己家院子里多了一匹马。这匹马不是他家的，因此他想找到这匹马的主人。于是，他骑上马，把马赶到路上，然后让马往前走。一段时间后，他发现这匹马总是跑到路边的地里去吃草，需要经常把它赶回路上。就这样，他走一段，赶一段，走一段，赶一段。在整个过程中，艾瑞克森就是努力让马始终走在正路上，最后这匹马终于回到了自己的家。

艾瑞克森发现，这儿离他家有6英里。马的主人很惊讶，他问："你怎么知道这匹马是我的呢?"艾瑞克森答："虽然我不知道，但是马知道。我所做的仅仅是不让马分心去吃草，就这样，它自己找到了家。"

这个故事对我们做销售有许多启示。销售的目的就是抓住客户的注意力，不要让不相关的事物分散客户的注意力，而要让他的注意力始终停留在你的产品上，然后购买环境会自然而然地呈现或形成。当你掌握了这种思维，销售就会变得非常简单。

所以从现在开始，作为营销人员，你不要想"我应该怎么高压"，因为即使你"高压"成功了，也会让客户感觉不舒服。

需要注意的是，如果你要与客户建立一种长久、持续不断、重复购买的关系，就不能使用会让客户产生"痛苦余味"的销售手段，这很难使客户变成"忠实粉丝"。所以，你要思考的问题是如何改变客户的思维，让客户实现自我销售，而不是拼命地"高压销售"。

3. 一切营销问题的答案都在客户头脑里

我们先来看一个案例：

20世纪最神奇的魔术师——哈里·胡迪尼，他最厉害的魔术就是“逃脱”，即如何在最危险的情况下逃脱。比如，他把自己绑住，困在一个木箱里，将木箱用铁锁锁住，然后让人把木箱从伦敦大桥上扔下去……在观众的一片惊愕声当中，他成功地逃脱了。再比如，他把自己关在棺材里，然后让人用沙子、泥土把他埋起来，但是最后他也能够逃脱。

哈里最著名的魔术是“开锁”。为了宣传这个魔术，他在芝加哥做了一次表演。他对现场所有警察说：“你们把手铐拿过来，铐住我，但是只要5秒钟，我就能够打开。”结果每个警察的手铐都被他打开了。

那个时代有很多人模仿他，模仿者自称是他的学生、同事，他们说：“哈里的那些东西我都会，很简单。”后来，一个法国魔术师想模仿哈里的表演，他扬言道：“这有什么难的，我也能做到！”然后，他就开始表演“开锁”。

哈里对他说：“你的方法不对，你没明白这里面的奥妙。”法国人却说：“我要挑战你。你给我弄一把锁来，我现场就能打开。”原来，这个法国魔术师贿赂了哈里身边的人，知道了某把锁的密码。所以，当哈里拿着3把锁上来的时候，他就点名要知道密码的那把锁。

哈里问：“你确定要这把锁吗？”法国人说：“是的，我就选这把锁。”哈里说：“那可不行！你不改变主意吗？”法国人问：“为什么不行？”哈里说：“你肯定知道它的密码，否则你为什么要选这把锁呢？”法国人说：“我不知道。但是我就要这把锁。”哈里问：“真的要选它？”法国人说：“是的，就这把锁。”哈里说：“行，给你！”然后，这个魔术师就把自己锁起来，蒙上毯子，表演开锁。结果在几百人面前，他折腾了两个小时也没打开。

这个魔术师很困惑，不知道怎么回事。原来，哈里在跟他对话的过程中已经把密码给改了。因为哈里猜到法国人可能知道了密码，所以在对话时改了密码。结果这个法国人折腾了两个小时也没能打开，最后失望的观众都走了。

所有魔术都是对大脑思维模式的借力。通常在一个魔术师做准备的过程中，舞台上会突然出现一个美女，她穿得很少，然后跳舞。这是在干吗？是在转移观众的注意力。当美女上来的时候，观众都会去注意她，尤其是出现一个性感美女时，更是如此。这实际上是利用人脑的功能来转移观众的注意力。即使观众知道是怎么回事，还是会去注意美女，所以观众并不知道魔术师做了什么样的准备。

魔术师是需要研究人类大脑的。比如，光线是怎么回事？人脑对光的信号、视觉的信号是怎么处理的？所以说，一切魔术的秘诀都在客户的大脑里，而不是在魔术师的手里。同理，一切营销问题的解决方案，都在客户的大脑里。

精彩的营销设计之所以会有效果，就是因为顺应了客户大脑的思维定式。只要研究客户的思维定式，营销中的问题就会迎刃而解。另外，当碰到任何营销挑战时，千万不要关起门来自己琢磨，一定要去思考对方的大脑是怎么工作的，这样才能找到答案。比如说，怎么让客户产生信任？怎么让客户认为产品有价值？怎么抓住客户的注意力？这些问题的答案不在产品上，而是在客户大脑的思维习惯上。所以，营销人员走进客户的世界，就是走进客户的大脑，这就是人性营销的本质所在。

综上所述，人的能动性是由三种因素组成的：思维、情感、行为。我们往往太想去控制别人的行为，而忽略了行为是情感的产物。为什么人们会产生某种情感？为什么有的夫妻在一怒之下会说出一些很蠢的话？这都是思维造成的结果。

人的行为不是独立的，人的情感也会受到自己的思维影响。当我们的大脑想到某种画面时，往往会产生某种情感。所以，思维是一切之源。要想研究客户，就要研究客户的思维模式。

二、 洞察人的共性与化解营销障碍

从传统营销到互联网营销，再到移动互联网营销，不管是什么形式的营销，都和对人性的洞察有关系，诸如贪婪、喜新厌旧、情绪化、从众等。

传统营销时代，营销效果 = 见面数 × 成交率。见面数，强调与更多顾客见面。如利用传统广告，当年秦池怒夺央视标王，引起轰动效应，举国皆知。成交率，强调把更多顾客说服，利用攻心话术，销售技巧。

互联网营销时代，营销效果 = 流量 × 转化率。流量，强调让更多顾客访问。掌握网络营销精髓，比如自建流量入口（自媒体），包括品牌官方微博，品牌官方微信等。转化率，强调让更多访客付款。

移动互联网时代，营销效果 = 时空触点 × 适时推荐。时空触点，强调在更多的时空接触顾客。适时体验，强调在更对的时空满足顾客。移动互联网营销凭借移动设备、社交媒体、大数据、传感器、定位系统等新技术，旨在缩短时空距离。

所谓缩短时空距离，主要体现在以下三个方面：

一是随时。移动互联网时代，智能设备永远在线，24 小时都可营销。从星巴克的早安闹钟，到易淘食的世界杯期间半夜外卖。要想在移动互联网时代成功营销，需要营销人去想一天 24 小时，还有哪些痛点、痒点、钱点。

二是随地。移动互联网时代，万物互联，从床上到椅子上，甚至到草地上都可营销。LBS（Location Based Service）就是一种基于位置服务的工具，意在将周边潜在顾客，本地潜在顾客，一网打尽。百度闪电向附近设备推送门店讯息；分众传媒部署在 30 城的 10 万 Wi – Fi 及 ibeacon；还有 O2O（Online To Offline），线上连接线下，鱼与熊掌兼得，该模式从地铁虚拟一号店，到微信扫码比价，再到一众订餐、订票、订房应用，在线订购后到店享受、上门服务等。营销人员要去利用移动互联网时代地域距离被大大缩短的买点，努力挖掘商机，进行销售。

三是随身。移动互联网时代，智能设备形影不离，一切皆可植入营销。营销人员不妨在智能设备中植入当下最热门的应用。

（一）洞察人性，发现客户的需求及痛苦

不管是传统营销还是互联网营销，成交的关键是提问，变句号为问号，变陈述为诱导。问题决定销售结果，真正有杀伤力的是问号，而不是句号。

问题对于营销，有如呼吸对于生命。如果你发问失败了，你就完了。如果你问错问题，虽然不至于马上致命，但也难逃死路一条。如果你问对问题，就可能得到一笔生意。销售当中最愚蠢的行为就是不问问题。如果不去问，怎么要到结果？所以一个基本的逻辑是：问题—思考—行为—结果。

1. 问对问题赚大钱

让对方说出不可抗拒的事实；把这个事实演变成问题；提出与对方有关的问题，引导对方思考。人是基于问题才会产生需求，问题就是对某些条件不满意，需求是指对方想要得到的某些具体的条件。问题决定了需求。问题就是对方的“痛点”，找到了“痛点”，你就扩大了对方的问题，问题越大，就越能激发出对方越大的需求，于是你的产品恰恰就是能满足对方需求的解决方案。所以，你所销售的不是产品，你所销售的是某一个问题的解决方案，你是在帮助客户解决问题。

要问对问题，需要遵循这些原则：第一，问题是需求的前身，找到客户的问题才能刺激他的需求；第二，客户是基于问题而不是基于需求才做决定的；第三，在实务中，销售人员要学会倾听、分析、了解客户，然后说服对方。

2. 确认客户的需求及痛苦

销售初期，营销人员要把自己的销售目的模糊化，把客户的想法清晰化。如果营销人员销售的产品可以满足客户的所有需求，价格又是客户可以接受的，并且给客户100%保证，客户是否渴望立刻拥有它？人们愿意很快付钱，就是为了付钱“止痛”。

3. 将痛点扩大

客户对于不能改变的事情会感到痛苦，而营销人员成交的秘诀就是拉大、加深这种痛苦，把痛苦（痛点）说透，把好处说够。动力大于代价，购买才能进行。

羊只要没有吃过鲜草，永远不知道鲜草的滋味儿，但只要吃过一次，它就会惦记第二回。找到好的感觉就不想过坏的生活。营销人员为了将客户的痛点放大，可以对客户进行夸张地询问。比如说：“如果这个状况5年之内都不会发生变化的话，那会是一个什么样子，可以想象一下吗?”

对于以下几种类型的人可使用不同的说话方式。

第一种是成功型，即无论做什么事都一定要追求成功，不成功宁愿死。成功型的人，追求与众不同、独特感、独一无二，做事很果断。所以你不要跟成功型的人讲“哎呀，这产品跟另一家公司的产品一样”，因为他痛恨一样的东西，即使是稀世珍宝。所谓独一无二、与众不同、王者风范，意思是说，卖给成功型的人产品，都要不一样的。

第二种是家庭型，即做事情的目的就是为了家人，为了家人而生存着。家庭型的人有一个特质，不喜欢改变，喜欢用过的产品。你对家庭型的人进行销售，就不能讲这是最新的产品了。“这是我们公司最新的产品”，他一定不买，因为他不喜欢改变。你要跟他讲：“这个产品跟过去一样好，非常棒!”

第三种是社会趋向型，即别人都这么在做，我也从众吧。社会趋向型的人，不会大声说话，不喜欢别人帮助他做决定。你应该讲：“昨天我看你就来了，这样很好!”“像你这么聪明的人，你自己已经知道怎么决定，是不是？你也知道这件商品对你有什么好处，不买对你有什么坏处，你应该有所决定，因为你比别人聪明。你这么聪明的人怎么会拖延呢？拖延不会让你更成功，你说是不是？只有行动才会更成功，是不是?”

第四种是模仿型，即根据偶像的情况决定自己的行为。模仿型的人，比较年轻，模仿型的人对他来说最重要的是自信心，因为他缺乏信仰。对他讲“你会得到信心”，不要讲成功、家庭、追求，你要讲信心，“你会拥有信念，也会得到很多信心”。对于这类人销售的关键按钮是信心。“因为你过去信心不够，所以你失去了多少业绩！现在你的信心不太够，已造成了你多大的困扰，造成你无法追求理想中的东西。假如这种状态持续 20 年，会怎么样？人希望自己一辈子没有自信吗？是现在改变比较好，还是 10 年后比较好？所以现在是拥有这件商品的时候了。营销时，你可以将对方痛苦、伤口扩大，但不要让他彻底死掉，只要你给他增加信心，增加他个人魅力，看起来容光焕发，感觉就不一样，你卖他什么都可以。

第五种是生存型，即活着就好啦。遇到这种人，就用 7 个字告诫自己——反方向拔腿就跑。生存型的人现在处于求生存阶段，所以现在没饭吃，追求生存他需要任何东西，他可以买，但他舍不得花一分钱。建议不要营销生存型的客户，你会讲到死掉，他会听到死掉，然后你们两个会痛苦而死。

4. **在“伤口”上撒点盐**

就是要让对方感觉到“伤口”带给他的痛苦，要让对方痛到极点。但是要点到为止，不能撒盐把他给撒晕过去，可以通过在其伤口中撒点盐，以便观察是否触动到其伤口，目的是找感觉，不可多撒。撒盐的方法是多赞扬别人。人一受到赞扬后就会自我谦虚，相应地就可以得到一大堆的抱怨。营销人员可以通过抱怨了解其痛苦。

5. **对症下药**

羊拿着一把鲜草，跟老虎说“尝一尝吧，多么新鲜的草”；老虎抓着一块肉跟羊说“来一块吧，多鲜美的肉”，其实羊和老虎给对方的办法都不对症，结果自然无效。销售也是一样，因此要讲究“对症下药”。在这里，根据人的性格，把人分为红色、蓝色、黄色、绿色 4 种，以便你“对症下药”。

红色的人，注重一切为了赢，追求速度感。营销者可以问：“你知道在多短时间内挣多少钱吗?”以此来吸引对方的关注。这类人喜欢穿着光鲜、亮丽，爱挣钱。

蓝色的人，喜欢凑热闹。营销者可以问：“你知道这件事有多好玩吗?”这类人穿着独特、有个性，有型；喜欢冒险。

黄色的人，喜欢帮助人，不修边幅，有使命感。营销者可以问：“你知道这件事可以帮助多少人吗?”

绿色的人，凡事讲求证据和精准度。要征服这类人，只能让其看到数据才有说服力。

这其中，蓝色的人是最容易改变的人，营销者对他们要格外关注。

6. **自我见证**

营销世界里没有真相，只有客户认知。营销的八字真经——与众不同，无中生有。无中生有的四项能力：要把自己变成见过大钱的人、要把自己定位成见过大人物的人、要把自己定位成经历过大场面的人、要利用自己所创造的业绩来说服人。

你要告诉对方，通过你自己使用产品，你的过去、现在、未来有多么巨大、多么迅速的改变。你要通过营销自己的故事进而营销产品。

7. **强而有力的大客户见证**

这一点简单地说就是天天带着相机去见客户，在适当时候趁机拍下一组相片或是视频，以备后用。

8. **大胆开口要求**

如果我们一开始只要求客户花较少的钱购买相应的产品，那么永远无法成交大单。如果一开始就要求成交最高级的产品，那么相应的再不济也有可能成交次一点的产品，其功效远大于从小开始。

只要重复足够的遍数就能征服客户，再顽固的拒绝也逃不脱“21 把温柔的飞刀”。是什么意思呢？一个人只要重复看同一个广告 21 遍，他的心理防线会彻底崩溃，必定产生购买的冲动。因此你要告诉自己，一定要大胆开口要求，拒绝没损失，同意就白得；张嘴三分利，不给也保本。

以下是一个消费者看到电视广告后逐渐发生的心理变化，从中可以看到“21 把温柔的飞刀”的魅力：不看；注意；意识到存在；隐隐约约记得；多看一眼；什么破广告；从头到尾看一遍，心想广告要花多少钱；又是这个讨厌的东西；怀疑是否有人在用；问朋友邻居用过没有；商家的利润和成本的比例是否合算；天哪！厂家要花多少钱，还在继续播广告；可能是个好东西；看到别人在用，觉得可能有价值；自己也想要，就是买不起；总有一天会买，并且做备忘录；抱怨贫穷；省吃俭用，还差一点；发现钱已经攒够了；老婆你快去把这个东西买了吧，我已经受不了了；推荐亲戚朋友赶快也去买一个。

销售就是意志力的较量，是心理成熟度的比拼，是博弈的竞赛。人永远都会拒绝卖给他商品的人，永远不会拒绝一个真心为他好的人。当你真心爱客户的时候，服务都是低境界的。

销是过程，售是结果，过程支撑结果。结果是功劳，过程是苦劳，没有苦劳就不会有功劳。你种了什么样的种子，就会得到什么样的果实。

一口井本身可以打 1 万吨的水，但最后只打出 100 吨的水，原因就是在此基础上没有深耕。80% 的购买决定是在第五次拒绝之后做出来的，而 80% 的销售人员，邀约客户未达到 5 次之前就放弃了——21 把温柔的飞刀只用了 5 把，而且这 5 把的熟练程度也不够。一个好产品要让客户感受出来才行，不断地刺激他购买的决定。

9. 敢于要求

记住一句话：只要我要求，终究会得到。要求是成交的关键，33% 的人在结束的时候不敢要求，25% 的人在结束的时候要求一次，但是他放弃了，16% 的人敢要求两次，之后还是放弃，14% 的人要求 3 次之后放弃了，有 12% 的人要求 4 次之后放弃，60% 的交易是在第五次之后成交的。

只要他还愿意跟我说话，我就迟早把他搞定。感谢那些配合我们、给我们订单的客户，因为他们在帮助我们完成指标和任务；感谢那些拒绝甚至刁难我们的客户，因为他们在帮助我们增长功力。所有的富翁都是被拒绝出来的。

客户在采购的整个过程中，绝大多数时间都是理性的，但往往在决定购买的一瞬间使感性的一面被激发。成交最大的优点是狼性，成交的本质是要求。成交就是意志力的较量，就是博弈，在成交的那一刹那，谁先开口讲话谁就把产品带回家。

（二）化解营销障碍，没有说服不了的客户

古人云："凡事预则立，不预则废。"孙子兵法曰："知己知彼，百战不殆。"机会只青睐有准备的人，准备越充分胜算越大。营销人员不仅要熟悉自己产品的优势劣势，还要熟悉客户需求、客户问题等，主要才能显示出人性营销的威力。

日本销售之神原一平，虽然身高只有1.54米，却是寿险业界显赫的人物。他一生充满传奇，从乡里公认的无可救药的小混混，到连续15年的全国业绩第一的推销之神。经常有人问他，为什么你总能让客户心动，甚至让他们感动地流下泪水？为什么你能让客户立即做出决定选择你的产品？原一平说："非常简单，每次销售，我至少提前做20次的准备。准备什么呢？就是熟悉自己的产品、熟悉同业的对手、熟悉客户的喜好，这叫'三熟悉法则'。所以我才有这么大的能量，才有这么大的成就。"

他向人讲述自己的经历："在我刚开始做销售的时候，一次，我去拜访一位董事长，当我战战兢兢地敲开他的办公室，看到豪华办公室的大老板台后的太师椅上坐着一位油光可鉴的大背头董事长。他不知在低头看什么，见我来也没抬头说："坐吧！"他也没问我从哪里来，有什么事，便再也没有说话。我坐在他的对面，不知该怎么办？突然我看到他的桌上有几期《销售与市场》杂志，我试探地跟他谈起了这本杂志，关于产品的4P（4个营销组合策略）等。董事长突然抬起头，眼睛里充满了光彩，很显然他对这个话题很感兴趣，越说越高兴，他说：'没想到你们这个行业里还有像你一样有文化底蕴，喜欢学习的人。'记得那天，不知谈了多长时间，不知不觉到了中午，对方还请我到他的食堂就餐，后来这个老板成为我的忠诚的客户。

试想，如果我当时劈头就问董事长，我是广告公司的，你们做不做广告？那结果会怎样？在销售过程中，一定要事先了解客户的兴趣爱好，要与客户找到共同的话题，建立信赖感。所谓同流才能交流，交流才能交心，交心才能交易。"

原一平可谓道出了销售的真谛！很多销售者遇到拒绝，遇到了营销的障碍，就立刻放弃。再换客户拜访，结果又被拒绝，又放弃。于是他们陷入"拒绝—寻找新客户—再拒绝—再寻找新客户"的恶性怪圈，尽管不停地行动，但收效甚微。而这些销售者却从不反思为什么客户会拒绝，客户的需求到底是什么，客户到底要什么。他们没有对客户详细调研，贸然向客户推销，没有建立信任关系，强行向客户推销，结果必然以失败告终。

营销人员在和客户沟通的过程中，不是仅听客户讲什么，而是要缜密分析客户背后是什么意思。

客户为什么要拒绝，背后一定有其深层次原因，要了解客户拒绝的潜在原因、了解客户急需解决的问题、了解客户的运营状况，运用“追求快乐、逃离痛苦”的力量，促使客户成交。也就是营销人员帮助客户分析做出购买决定有哪些好处？不购买会造成哪些损失？最好能够放大这种好处和痛苦。

第二章　人性营销，了解客户的需求及渴望

在互联网时代，销售网站常常巧妙地利用人性的弱点，无论是团购、点购、秒杀还是抽奖，该类网站统一的制胜法宝就是价格极其低廉，巧妙地运用了低价这一特点，充分地激发人类贪婪的本性，让他们一次次心甘情愿地点击购买。

“无需求的地方就无购买行为。”无论你的销售技巧有多好，如果你不能清楚地知晓客户的需求，就没办法令客户满意；只有明确了客户真正的需求，才能有的放矢。因此，人性营销的前提条件是发掘客户需求，甚至引导出客户的潜在需求，或者帮助客户建立需求，使客户需求明确化。

一、见微知著，找准客户需求点

人性营销关注的主体是客户，客户的需求往往是多方面的、不确定的，需要营销人员去分析和引导。客户的需求是指通过买卖双方的长期沟通，营销人员对客户购买产品的欲望、用途、功能、款式进行逐步发掘，将客户心里模糊的认识，以精确的方式描述并展示出来的过程。

大家也许并不知道，台塑集团创始人王永庆的第一桩生意其实不是石化，而是卖大米。这个行业在南方被称为“九八行”，意思是说其中的98%是成本，只有2%的利润，竞争激烈，必须依靠薄利多销才能取胜。王永庆在乡下卖米的时候，感觉到仅通过商品降价赢利是不可能的，于是就通过差异化来寻求突破。

王永庆买进大米之后，首先在院子里把它们撇开，把米中的沙子、树叶之类的东西清除干净，然后再装回米袋。于是他宣称说，自己的大米是全村最干净的大米。家庭主妇来买米的时候，通常要自己扛回家，王永庆提供送货服务。当他把大米送到主妇家门口，对方就已经相当感激了。王永庆又提出可以送到米缸里去，实现一步到位的服务。到了米缸边，王永庆找来一张纸，把缸里的陈米倒在纸上，把新米倒进缸里，随后再把陈米倒在新米上面，这样方便人们先把陈米吃掉，这个细节表明了他的服务细致有诚意。

这个时候，主妇已经被王永庆的真诚服务彻底打动了，于是他借机问一些私人问题，比如说家里有多少人，米能吃多久等，主妇一般都会如实相告。王永庆一出门就把这些数据用本子记下来，提醒自己在这家没米之前登门拜访，这是他的信息化管理。通过长时间的积累，哪家用户哪天剩多少米他都知道。除此之外，他还留意用户的当家人是做什么的，如果当家人是公务员，他们月底发工资，那么王永庆就到月初来收米钱。

通过做足各个细节，王永庆卖米与其他人卖米形成了巨大的差异化，从而把卖米的业务做得炉火纯青。

王永庆卖米的例子告诉我们，无论做什么样的买卖，只要我们肯在细节上下工夫，就能形成与竞争对手的差异化，从而形成竞争优势。

我们可以通过差异化的手段来细分市场，形成竞争优势，但是我们必须考虑现实情况才行，差异化不是说到就能做到的，它有不少限制条件。创业者和企业经营者在实行差异化战略的时候，必须充分照顾到现实的资源。资源必须具备这样的条件才能形成差异化，即消费者在乎的、竞争对手没有的和我们所擅长的。这些条件缺一不可，如果你的差异化消费者不“感冒”，也就失去了任何意义。如果你能形成差异化的优势，对方也擅长，也不行。所以说，形成差异化是创业者必须具备的一种思维，但在实施的时候，又要充分考虑现实。

客户的需求和想法有时候非常难以琢磨，这就需要我们先融入他们的状态之中，聆听他们的想法和需求，然后进行分析，释疑，才能去影响我们的客户。客户的“杯子”倒空了，我们才有可能装入我们的东西。

人们总是习惯根据主观做判断，总是根据自己的想当然来判断客户的需求，并认为是正确的，而忽视了客户的真实需求。这是错误的。对营销人员来说，在销售之前，让客户告诉你他的需求是什么，而不是你认为他的需求是什么。你认为最好的，客户不一定会喜欢。想把产品卖出去，就必须掌握人性营销的本质，了解客户真正的需求是什么。

二、抛砖引玉，寻找客户利益点

销售人员若要将产品顺利销售出去，就要寻找到客户的利益点，以此作为销售工作的关键点，从而获得更多的客户。人性营销要做到将产品的特点与客户的利益点联系起来，以使我们真正找到客户的利益点。

事实上，每一种产品都有它独具的特性，这些特性就是产品的优点，也是客户的某一利益点。比如，衣服的布料可以分为很多种，棉的能吸汗、毛的较温暖、丝的较轻……客户能够根据这些不同的特点，选择适合自己而自己又喜欢的衣服，从而实现自己的需求。这就是客户的利益点。

那么，销售人员该如何找到客户真实的利益点，发掘出客户最大的需求呢？一件产品之所以能真正成为客户的利益点，就在于它能够满足目标市场客户的需求和喜好，能够真正解决客户的问题。因此，需要销售人员将产品的特点和优点最大限度地发掘出来，使之为客户带来更多、更大的利益，客户得到的利益越多，对产品的需求就会越大，客户的利益也就越能得到满足。

销售人员要先推敲客户的特殊需求，以找到客户的利益点。每一个客户对产品的需求或多或少都有些不一样，要做到这一点，一般要通过如下步骤来找到：从事实调查中发掘客户的特殊需求；从询问技巧中发掘客户的特殊要求；介绍产品的特性，向客户说明这种产品的特点；介绍产品的优点，向客户说明产品的功能及其优点；介绍产品的特殊利益，向客户阐述这种产品正好能满足客户的特殊需求，能满足客户的特殊利益。

销售人员要了解不同的客户需求和利益点，为客户寻找购买的理由。面对同样的产品和服务，为什么客户愿意向A公司投保，而不向B公司投保呢？为什么客户愿意把钱存在A银行，而不存在B银行呢？在一条街上的A、B两家饭店，为什么客户喜欢到A饭店吃饭，而不去B饭店呢？这就是客户的需求和利益点不同的原因。所以，销售人员应该找出这些不同的需求和利益点，找到客户购买的真正理由。在推销价格昂贵的产品时，这个方法十分有效。

一位销售人员在推销一套价格不菲的家具时，多次利用拆分问题来说服客户。下面是他们的对话。

客户："这件家具太贵了。"

销售人员："您认为贵了多少?"

客户："贵了1000多元。"

销售人员："那么现在就假设贵了1000元整。"这时销售人员拿出了随身带的笔记本，在上面写下1000元给目标客户看。

销售人员："先生，您想这套家具您至少打算用10年再换吧?"

客户："是的。"

销售人员："那么，依照你所想的，也就是每年多花了100元，您指的是不是就是这样?"

客户："对，我就是这样认为的。"

销售人员："一年100元，每个月该是多少钱?"

客户："哦！每个月大概就是8元多点吧!"

销售人员："好，就算是8.5元吧。您每天至少要用两次吧，早上和晚上。"

客户："有时更多。"

销售人员："我们保守估计为一天两次，那也就是说一个月你将用60次。所以，假如这套家具每月多花了8.5元，那每次就多花了不到0.15元。”

客户：“是的。”

销售人员：“那么每天不到0.15元，却能让你的家变得利落和整洁，让你不再为东西没合适地方放而苦恼、发愁，而且还起到装饰作用，你不觉得很划算吗?”

客户：“……是的，那我就买下了。你们是送货上门吧?”

销售人员：“当然!”

一般来说，客户在购买商品的时候，有以下几个理由：

一是为了满足象征客户地位的商品。很多客户在购买商品的时候，会比较注重商品的整体形象，比如说，商品的价格、性能、个性特征，特别是名气。像劳力士手表、奔驰汽车，等等，虽然是不同的商品，但它们都满足客户象征地位的需求。针对这些客户，销售人员不妨从此处着手，试探潜在客户最关心的利益点是否在此。

二是为了满足客户的安全、安心的商品。安全、安心也是很多客户选购产品时经常会考虑的理由之一。比如，各种保险、防火的建材等商品，一般会得到客户的青睐。一位家长，在面对众多玩具的时候，经常很难取舍，但是只要在关键时机，销售人员巧妙地告诉家长，某个玩具的设计是如何考虑了玩具的安全性时，家长就会立刻决定购买。

三是为了满足客户的便利的商品。便利是商品带给客户个人利益的一个重点。例如汽车变速器自动的便利性是吸引许多女性购车的重要理由，电脑软件设计时的简便性也是客户发展的重点，便利性是打动许多人购买的关键因素。

四是代表着先进生产力的商品。随着电子技术的不断革新，客户会比较喜欢先进的电子产品。比如，同样是一台打印机，客户在购买的时候，可能会更加趋向于性能较高、功能较多的最先进的打印机，因为这些优点将会满足客户更多的利益点。

五是兴趣、嗜好因素。很多客户在购买商品的时候，总会将自己的兴趣、嗜好与商品结合在一起。根据这一点，只要销售人员抓住客户的这种心理需求，就一定能够让客户与销售人员双方受益。

六是价格因素。有的客户对价格非常重视，若是遇到这样的客户，销售人员可向他推荐在价格上能满足他的商品，否则你只有找出更多的特殊利益以提升产品的价值，使他认为值得购买。

七是优质的服务。一个服务较好的商品，会吸引客户络绎不绝地前来购买。所以，服务也是你找出客户关心的利益点之一。

三、 对症下药， 从客户的问题和隐忧入手

尽管你觉得对工作非常尽心，对客户也十分热情，但还是会遇到一些客户对你沉着脸，或是事事与你作对，甚至投诉到你的上司那里去。难道这些客户在无理取闹?

到底是谁点燃了“上帝”，主要是因为以下几个方面：

一是因产品品质引起的投诉。当产品本身有诸如质量不佳、功能欠

缺、价格失当等问题，或者和产品有关的销售证据不充分、客户所希望购买的产品出现缺货、断货等情况时，客户会提出投诉。这种投诉是客户合理、合法的投诉，对于销售人员来说，应该实事求是地予以解决，在销售产品时及时提供更多有效、直接的证据，品质不良的产品应该及时退还厂家，或者设法改进，等改进好了之后再销售。

二是因销售人员服务方式、态度引起的投诉。这是最容易招致客户投诉的原因之一，比如说销售人员服务态度不好、销售礼仪不当、销售信誉不佳、提供信息不足时，都可能招致客户的投诉。

三是其他方面的一些情况引起的投诉。其他方面的一些情况也会招来客户的投诉，如客户依照双方约定的日期前来提货，可是到了日期却发现自己产品还没有生产完成；客户要求修改产品，过了约定的日期却还没弄好。还有运送不当、过期运送、送错了地方、运输途中把产品损坏了等，都是客户投诉的理由。

四、 洞悉客户心理， 解决客户需求

客户的消费心理是指客户在购买过程中所存在的心理特点。销售人员应该充分掌握这些消费心理，正确把握客户的需求，从而提高销售的成功率。

一般来说，客户的消费心理有实用心理、安全心理、廉价心理、方便心理、审美心理、时尚心理、占有心理、自我表现心理等。人性营销要做到对客户心理的准确把握，才能创造客户需求，这些消费心理是通过不同

类型的人表现出来的。

第二次世界大战期间，一位印度老人拿了三幅名画去市场上卖，恰好被一位美国画商看中。这位美国人自以为很聪明，他认定，既然这三幅画都是珍品，必有收藏价值。假如买下这三幅画，经过一段时期的收藏肯定会大幅涨价，那时自己一定会发一笔大财。于是，他问那位印度老人："先生，你带来的画不错，如果我要，你看要多少钱一幅？"

"你是三幅都要呢，还是只买一幅？"印度老人反问道。

"三幅都买什么价格？只买一幅又什么价格？"美国人开始算数了。他的如意算盘是先和印度老人敲定一幅画的价格，然后，按多买少算的原则，把其他两幅一同买下，那样肯定会占点儿便宜。

印度老人并没有直接回答他的问题，只是表情上略显难色。美国人却沉不住气了，他说："那么，你开个价，一幅要多少钱？"

这位印度老人是一位地地道道的商业精，他知道自己画的价值。于是装着漫不经心的样子回答说："先生，如果你诚心买画，我看三幅 800 美元吧！这很便宜的！"

美国画商并非商场上的庸人，他抓住多买少算的砝码，一美元也不想多出。于是，两个人讨价还价，谈判一度陷入了僵局。

印度老人拿起一幅画就往外走，到外面二话不说便把画烧了。

美国人很吃惊，他从来没有遇到过这样的对手。对于烧掉的一幅画他既惋惜又心痛。于是他小心翼翼地问印度老人剩下的两幅画卖多少钱。

想不到印度老人要价的口气更是强硬，两幅画少于800美元不卖。

美国画商觉得太亏了，三幅画800美元，少了一幅画，还要800美元。于是，美国商人强忍着怨气还是拒绝，只是要求再便宜点儿。

想不到，印度老人又怒气冲冲地拿出一幅画烧了。这回，美国画商可真是大惊失色，只好乞求印度老人不要把最后一幅画也烧掉，因为自己太爱这幅画了。他接着又问这最后一幅画多少钱？

想不到印度老人张口还是800美元。这一回画商有点儿急了，问："三幅画与一幅画怎么能一样呢？你这不是存心戏弄人吗？"

印度老人见这位美国画商还想讨价还价，于是便说："这三幅画出自知名画家之手，本来有三幅的时候，相对来说价值低一些。如今，只剩下一幅，可以说是稀世珍宝。它的价值已经大大超过了三幅画，现在涨价了。这幅画800美元不卖，最低得出价1000美元。不然，我还会烧掉它！"

这下，画商真的急了，生怕印度老人将第三幅画也烧掉。他一手按着画，说道："1000美元，我买了！"

后来有人问印度老人，为什么要当着画商的面烧掉两幅画？老人说："物以稀为贵。美国人有个习惯，喜欢收藏古董名画，他要是看上了，是不会轻易放弃的，肯定会出高价买下。并且我从美国人的眼神中看出，这个美国人已经看上了我的画，心中就有底了。所以我当面烧掉两幅画，留下一幅卖高价呀！"

我们都知道物以稀为贵，很多客户往往担心商品数量变少，害怕以后再买不到或没机会买到，越稀缺越想占有。前面的这个案例中的印度老人，就是抓住了美国人对古董名画的占有心理，所以才取得了最终的销售成功。客户的这种心理被商家广泛利用，进而吸引了众多的客户前来购买和消费。

在实际的销售过程中，销售人员不仅要掌握客户的这种心理，还要掌握客户其他的消费心理，以便于根据实际情况来决定做法，下面逐一进行介绍。

一是实用心理。这是客户最基本的消费心理，是为了满足客户的基本需要，也就是注重产品自身的使用价值。著名心理学家马斯洛说过，人类最低层次的需要是生理需要，即要满足人类生存基本需要的吃、穿、住、用、行，然后才能追求更高的层次。可以说人的大部分精力都是放在基本的生理需要上的，所以追求实用也是人们最为常见的消费心理。

二是安全心理。在人们的基本的生理需要得到满足之后，便会追求更高的层次，比如说消费品的安全性。客户在购买消费品时，会注重该产品会不会给其本人或家庭带来安全感，或者说可不可以避免不安全的威胁。这种安全心理在某些销售领域表现得是比较突出的，比如药品，生物保健、家用电器、灭火器、保险业务等方面的消费。

三是物美价廉心理。物美价廉是客户对消费品所追求的目标，也是最为普通、最为常见的消费心理。在这种消费心理的作用下，客户在消费过程中对商品的价格反应比较敏感。在选择同一新产品时，如果彼此的质量相差不远，客户往往会偏重于选择价格较低的商品。

四是方便心理。现代生活的节奏不断加快，人们越来越注重时间的利用效率。在这种心理的支配下，人们会尽量购买给自己的家庭生活和工作带来方便的新产品，例如冰箱、微波炉、各种半成品的食物以及饮料等，这都给人们在饮食方面带来了很多方便，满足了客户的方便心理。

五是审美心理。爱美之心，人皆有之，美能给人带来精神上的享受，给人带来愉悦感和满足感。那些美观大方的新产品会格外吸引客户的眼球，勾起客户强烈的购买欲望。销售人员应该注意到客户这一心理需求，有意展示自己新产品美的形象，以吸引客户。

六是时尚心理。追求流行时尚是现代消费者，特别是青年消费者，表现得更为突出。这些消费者总是喜欢新产品，享受新服务，跟随流行时尚，即使价格高一点也不在乎，相反对于陈旧的、落后的东西不会很感兴趣。

七是占有心理。有的消费者对有的商品并不是十分需要，只是觉得东西好非常喜欢，想买来据为己有，这就是“占有心理”，这是人类的一种占有欲的表现。销售人员则可以利用客户这一心理，让客户喜欢自己的新产品，从而把东西买下来。

八是自我表现心理。这是客户需要得到他人的尊重，渴望在消费活动中表现自己，以得到他人的恭维和赞美来满足自己的一种心理。在消费活动中，听到销售人员对自己的恭维和赞美，客户会觉得很有成就感，得到心理上的满足。而销售人员则可以利用客户的这一心理，尊重客户，或者有意地迎合客户，让客户愿意买你的东西。

五、 换位思考， 站在客户的立场想问题

能够最大限度地争取到客户对销售人员的认同，是人性营销获得成功的一个至关重要的环节。得到了客户的认同，也就表明客户对我们的产品表示满意。产品能够满足客户的需求，交易成功也就是顺理成章的事情了。

销售人员从客户的角度去思考，及时抓住客户对产品的兴趣，准确地将产品的优点、特点、性能等关键点介绍给客户，用一套生动顺畅的语言来打动客户，得到客户的认同，这些是非常重要的。

早期的传真设备被称为远程复印机，施乐公司是这一领域的先驱。由于传真机的价格太贵，一般一台在2.5万~3万美元，且用途与价格便宜的电报设备相差无几，所以问世之初销售一直迟缓。

后来，一家著名的咨询机构帮助施乐建立了一个新的产品销售模式，那就是以传真技术能解决的问题为出发点来考虑。结论之一便是，一台远程复印机解决了一台打字电报机不能解决的问题，它可以传送一幅图画或一个图表，而不仅仅是文字。接着，咨询小组协同施乐公司定位需要解决图像传输问题的客户群。经过一段时间的准备，这个小组列出了一个名单，包括安全部门、大学、医院和石油公司。

小组中的一个成员了解到，英国石油公司正在开发北海石油区，每天有一架直升飞机两次降落到正在钻井的石油平台上收集数据，并

把它带回到海岸，由海岸上的地理学家来进行分析。因为数据以复杂的图表形式记载，因此没有办法把它转化为文字，再由电报设备传到海岸上。小组的成员说：“如果他们有远程复印机，那么就不需要直升机再飞来飞去了，数据可以更快地传送到海岸上，而成本只是原来的一小部分。果不其然，几个星期内，施乐公司与英国石油公司做成了大单，价值达几百万美元，而石油公司也节省了许多时间和成本。

这种新式的远程打印机很快就得到了人们的认同，获得了突破性的成就。

这个案例告诉了我们一个道理：以产品能解决问题为出发点，考虑如何满足客户需求，是销售的根本。尤其是大客户销售，以客户为中心的销售思维应贯穿客户购买决策流程的始终。

在销售产品时，如何介绍产品才能得到客户的认同，才能引起客户对产品的加倍重视呢?

一是尽量赞同客户的观点。客户就是上帝，他们在购买商品的过程中会提出很多异议，这些异议正是客户担心的问题或者是客户的真正需求。面对这些异议，销售人员千万不能马上反驳，或者试图说服客户，企图让客户信服。事实上，客户从来不会被人说服，客户只会从心里信服。最好的办法就是销售人员尽量赞同客户的观点，一步一步找出解决问题的方法。

二是找到与客户共同的兴趣和爱好点。与客户谈论共同的兴趣和爱好，能够让客户对销售人员产生亲切感和信任感。比如大家有共同的业余爱好，如足球、下棋等，引发客户对销售人员的认同。俗话说“酒逢知己千杯少，话不投机半句多”，客户对“情趣相投”的人是相当认同的。

三是赞美客户。每个人都希望得到他人的赞美，以满足自己的心理需求。这种赞美应该是真心的、由衷的、真诚的。如果不是正确的赞美，很可能会引起客户的反感，这样做可能适得其反。真诚地赞美客户，客户高兴的同时，对你也产生了好感，为客户认同你的产品做了一个良好的铺垫。

四是与客户拉家常。与客户拉家常，在闲聊中就能够让客户埋单。这听起来似乎有点匪夷所思，但是，这确实是很多优秀的销售人员成功销售的法宝之一。他们在与客户“套近乎”的过程中，会让客户觉得这个销售人员很实在，人品不错，是值得信赖的，从而他们会认为销售人员所销售的产品也不错，于是就成交了。

五是找到客户认同的意见领袖。要知道，客户一般愿意相信一个德高望重的领袖的意见，他们对意见领袖的选择是非常认同的，并愿意通过与意见领袖相同的选择来体现这种认同。因此，销售人员要抓住客户的这种消费心理，先从意见领袖出发。一旦得到了意见领袖的认同，也就得到了大量的客户的认同。这些意见领袖的带动作用是非常巨大的。

六、善于倾听，深入挖掘客户需求

一个人不仅要学会积极地表达自己的意见，还应该学会做一个良好的倾听者。作为销售人员，不仅要口齿伶俐，能言善道，还要能够善于倾听客户的心声，及时发现客户的需求与态度。销售人员要学会做一个倾听者，学会采用和接纳他人的意见，鼓励客户多谈论自己，再将客户的意见综合起来，认真分析，以找出正确的解决问题的方法。

一个有经验的销售人员都会很认真地倾听客户的谈话。当然，这不是浪费时间，这是一种很有价值的倾听方法。花点时间倾听客户的谈话，你可以在了解客户的需求和意见之后，来为客户提供产品，改进服务。这样，不仅可以使销售的工作效率大大地提高，还会给客户留下良好的印象。

世界上最伟大的销售员乔·吉拉德，也曾犯过这样一个错误。

一次，某位名人来向乔·吉拉德买车，吉拉德向他推荐了一种最好的车型。那人对车很满意，并掏出1万美元现钞。眼看就要成交了，对方却突然变卦了。乔为此事懊恼了一下午，百思不得其解。

到了晚上11点多，他实在忍不住了，就打电话给那人："您好！我是乔·吉拉德，今天下午我曾经向您介绍一部新车，眼看您就要买下，却突然走了，能告诉我这是为什么吗?"

"喂，你知道现在是什么时间吗?"那人愤怒地说。

"非常抱歉，我知道现在已经是晚上11点钟了，但是我思考了一个下午，实在想不出自己错在哪里，因此特地打电话向您讨教。"乔·吉拉德赶紧说明了打电话的原因。

"真的吗?"那人问道。

"肺腑之言。"乔·吉拉德说。

“很好！你在用心听我说话吗?”那人又问道。

“非常用心。”乔·吉拉德说。

于是，那人打开了话匣子，向乔·吉拉德斥责道：“可是今天下午你根本没有用心听我说话。就在签字之前，我提到我的儿子吉米即将进入密执安大学念医科，我还提到他的学科成绩、运动能力以及他将来的抱负，我以他为荣，但是你却对此毫无反应。”

乔·吉拉德不记得对方曾说过这些事，因为他当时根本没有注意。他那时认为已经谈妥那笔生意了，也就没有注意听对方在说什么，反而是在听办公室内另一位推销员讲笑话。这就是乔·吉拉德失败的原因：因为那人除了要买车，更需要得到别人对他的优秀儿子的称赞。

这件事情之后，乔·吉拉德开始时刻注意客户的谈话内容，尽心尽力、尽职尽责地对待每一位客户。并且，他非常注重对客户的服务质量，经过不懈努力，他终于成为世界上最伟大的推销员。

在与客户的交谈过程中，销售人员要学会做一个倾听者，倾听客户的内心，才能做好人性营销。倾听客户的意见，可以避免销售过程中出现的很多不必要的误会。一般来说，如果客户误会了你的意思，你就能从客户的谈话中了解到。假如是你误解了客户的意思，你也能从他的谈话中发现误会。遇到这种情况，销售人员可以立即想办法消除客户的误会，向客户做出解释。

销售人员在倾听客户谈话的时候，要与客户的眼光保持接触，要以你的姿势和手势来证明你是在倾听，以免客户误会你不说话是在冷淡他。要注意的是，不管你是坐着与人交谈，还是站着与人说话，都应该与对方保持适合的距离。

看着客户的眼睛并以轻轻地点头来表示同意客户的观点，或者用“好、嗯、对”等同意的语言来告诉对方，表示你在认真倾听。一般在这样的交谈氛围中，更容易让对方相信你，对方会觉得你是一个非常友好的人，愿意与你说话，愿意将心声袒露给你。这样，你与客户的沟通机会就会多很多，销售的成功率也会大很多。

能够倾听他人的心声，一方面是一种礼貌，表示对说话者的尊重，显示自己的谦逊；另一方面，也是一种根据说话者的需求来解决问题的好方法。

销售人员倾听客户的心声时要认真，要用心，如果不认真，只会把事情搞砸。只有真正理解了客户的需求和愿望，以及了解客户所厌恶的东西，销售人员才能在接下来的销售过程中正确处理事情，明白哪些该做、该说，哪些不该做、不该说，这样才能使客户满意，使销售顺利进行。

第三章 如何塑造产品价值

互联网时代的营销，如何成功塑造产品的价值，使客户感觉买到你的产品是一种荣幸，对你的产品和公司形成犹如教徒对教皇一般的虔诚和忠实，帮助你的产品受到更多粉丝的追捧？

人性营销告诉我们，不是所有人都了解和熟悉你的产品。当客户需要对产品进行详细咨询的时候，营销人员就要以专家的眼光来介绍产品，包括产品的优缺点、市场行情等。对于这些信息营销人员要了如指掌，对答如流，这样才能够更好地为客户解惑释疑，帮助客户找到适合他们的产品。

一、以专家的角度来介绍产品

营销人员在介绍产品时的专业程度，直接关系到客户的最终选择。美国寿险推销大王乔·坎多尔弗说："你如能在客户的事业领域中表现出你是专家，便可以增加你的可信度。"任何一个客户都希望与一个专业素质高的销售员合作，因为只有专业才能提供更多的保障。营销人员在介绍产品时，要保持专业的形象，使用专业的话语，使自己的营销活动尽可能高质量、高效率地展开。

成为一个人性营销的专家，就要以专家的眼光来介绍产品，这对增强销售的说服力很有帮助。

张先生想买一辆车，经过比较，最终锁定了两个不同品牌的同级车，但由于各款车都有其独到之处，他较难取舍。其中，A品牌为新上市的车型，在同级车中是率先装备了VSA（车辆稳定性控制系统）、换挡拨片、雨量感知雨刮等高科技、安全、舒适的配置，但这款车外形设计过于时尚，整体视觉效果是车体不够宽大，同时轴距比较短。B品牌为已经在市场上销售一年多的车型，在同级车中销量相当不错，业界的评价也很高，但没有装备VSA，也没有真皮座椅。这天，他来到了A品牌的展厅，想就这个问题向销售顾问小王寻求一个最终的答案。

小王了解了张先生的情况后，说："通过刚才您的介绍，两款车都让您心动。说句实在话，购车选择是一件很难的事情，因为没有一款车，也不可能有这样一款车，把所有车型的优点集于一身。一款车是否适合自己，最关键的是要看是否能够符合我们的日常生活要求，能否解决我们目前存在的问题。在此，我想向您请教一下，在您过去用车的经历中，是否有时要在雨雪天气出行呢？"

张先生："那当然，我做生意也是比较忙的，有时候下大雨还要出门。"

小王顺着他的话开始解说："我们的雨量感知雨刮正好能解决这个问题。现在让我来给您详细介绍一下……顺便在请问下您，您觉得出席一些商务场合，是否真皮座椅显得档次更高些呢？"

张先生："是的，但是你们这后排还是比较小啊。"

小王："像您这样注重驾驶乐趣的人，也很少有机会在后排乘坐，大部分时间都是自己驾驶。其实我们的后排空间是够用的，您可以坐进去感受一下，我们的座椅强调的是高包裹的舒适性，您觉得舒适吗？"

在张先生试坐过后排的座位后，小王说："给您介绍了这么多，从实用和时尚的角度看，在您刚才确定的这两款车中，也只有A品牌最符合您的要求了。我再次向您推荐这款车，您看您还有什么疑问吗？"

张先生："好吧，那我就买这个吧。"

营销人员要想成功地销售自己的产品，就必须成为行业的专家，不仅要对本公司的产品了如指掌，还要了解其他同类产品的功能和特点。这是营销人员的必修课，也是最基础的技能，普遍采用的方式也大同小异，但最重要的一点就是，在客户询问商品时，营销人员要以专家的眼光来介绍产品的功能、特性、优点等。具体来说，营销人员需要做到以下几点：

（1）未雨绸缪，介绍产品前要做好各方面的准备工作。准备工作大致包括以下两个方面：

①专业的形象。营销人员要注意自己的形象，不要给客户留下不好的

第一印象。推销产品，首先要推销自己，只有首先给客户留下良好的印象，你才能开始第二步。

②专业知识。美国保险业协会的权威人士约翰逊曾说过："成功的保险业务员与挣扎中的保险业务员的差异，在于其所掌握的专业知识的程度不同。"可见，良好的专业知识是销售成功的基础，也是衡量销售人员表现优劣、是否专业的分水岭。专业知识包括产品知识、公司知识、客户信息、竞争对手信息、行业知识以及环境状况，你对专业知识掌握得越多，越有助于你快速赢得客户的订单。说服客户，不是靠强硬的语气，也不是靠威逼利诱，而是靠丰富的知识，才能让客户心服口服。

（2）修饰自己的专业语言，让说出的话更有说服力。营销人员专业语言有以下三个方面的要求：

①结合专业，运用文明、标准的销售语言。比如："××先生/女士，我希望您不仅购买了我们的产品，还会喜欢上我们的产品……您要选哪一款产品，我想告诉您我的建议是……"

②面带微笑，使用训练有素的语音、语调和语速。这样和客户沟通时，才能传递给客户信任感，客户才愿意和你沟通下去。

③在介绍产品时，不要时不时地冒出一连串的专业术语，以显示自己的权威。实际上这反而暴露了营销人员的不专业，这只能证明你对产品的掌握仍是一个初级的、粗浅的层面。要尽量使用通俗易懂的语言来介绍，让客户易于判断和购买。

（3）展现专业的素质，让客户更信服。营销人员专业的素质有以下三个方面的要求：

①营销人员以专家的眼光来介绍产品的时候，要低调谦虚，不能骄傲自大、不可一世，这样容易引起客户的反感。如果你用专家的眼光来介绍产品，客户会有一种顺从的倾向，会毫不怀疑地执行你的请求。

②营销人员不能因为自己比客户更专业，而把自己的意志强加给客户，要求客户怎么怎么做。应该把产品的性能、特点、与其他同类产品相比的优点，明白地告诉客户，让客户自己做选择。

③营销人员要节约客户的时间，在介绍产品时不要为了和客户套近乎而说一些无关紧要的话，这不仅浪费客户的时间，还会令客户反感。产品介绍一定要围绕销售目标展开，才能在有效的时间内把产品的卖点传达给客户。

专业是有说服力的，因此，请在营销活动介绍产品时，做个专家型的营销人员吧！

二、 对自己销售的产品要有信心

做营销，不管是网络营销、店铺营销、会议营销，还是电话营销，都需要对自己的产品有信心。如果你对你自己的产品没有信心，持怀疑态度的话，又怎么去感染客户，让客户放心地去购买呢？只有从心里认可自己的产品，在给客户推销的时候，心中才有底气，才更可能最终打动客户的心，说服客户购买。

赵亮是一名电动车营销员，一次，他在一家商场举办的电动车促销活动中，热情洋溢地介绍自己的产品，引来了众人的围观。有几名客户准备购买。这时，有一名客户问他："我刚才看到你是骑着电动车过来的，既然你认为你卖的电动车这么好，你为什么不骑这种车呢？"

赵亮想了想说："这是两码事，不能混为一谈。我们公司的电动车非常好，我早就想买一辆骑了。但是，我最近的经济状况不太好，我的母亲生病住院了，家里的开销也很大，只能过一段时间再买了。"

听他这么一说，原来已经决定购买的客户改变了主意。在他们看来：既然营销人员都不用自己公司的产品，我们又怎么能相信这个产品呢？

这个案例说明，销售业绩的好坏很大程度上取决于营销人员是否对自己推销的产品充满信心，如果你对自己销售的产品都不感兴趣，都不愿买，那又如何能煽起客户购买产品的热情呢？

营销的过程就是说服客户的过程，营销人员必须使客户相信你的产品能够给他带来利益。要说服客户，必须先说服自己，即自己真心地相信所销售的产品能够给客户带来利益，认为客户购买你的产品是幸运，而不购买产品则是损失，这样你才能打动客户。

欧美的销售员曾提出："你买它，然后再卖它。"世界上最伟大的推销员乔·吉拉德就是这样做的。他在推销雪佛兰牌汽车时，总是开着同样的雪佛兰汽车。而其他雪佛兰营销人员却坐着凯迪拉克和梅塞德斯去上班。客户见了就会想：推销员是不是不屑于坐他自己推销的车？如果向客户传达这样的信息，客户就会对推销商的产品产生不信任感，推销工作就很难顺利进展。

相信自己的产品，即使外边有比自己更好的产品，但我们仍要让客户相信我们公司的产品是最好的。只要你肯定地认为你的产品是最好的，那么你一定能够将这种意识传达给客户，一举攻破客户的心理防线。

要让客户知道我们的产品是优质高效的产品，并对之充满信任。直接阐述产品的试验效果，提供与其他产品的对照图片、资料，最好是有权威机构的试验报告。

利用同理心，通报公司对该产品的重点投入情况。如："王经理，如果说产品效果不好，公司不会把该产品作为重点产品而重点投入，因为这要冒很大的风险，没有老板会傻到花大钱去生产一个效果不好的产品。换您也不会这样做，您说是吗?"

承诺可以采用先试用后购买的原则。如："王经理，我可以先送些样品给您，您先试用一下，然后再根据效果决定是否购买，好吗?"紧接着说，"您也知道，样品也是要钱的，发到这里还需要费用。如果效果不好，我是不敢花钱来做这个事的，您说是吗？我对产品充满信心，因为我更清楚产品的效果。"这样就可以大大提振客户对产品的信心和对效果的认定。

除了对自己销售的产品充满信心，还有充分展示产品的独特卖点。在市场竞争激烈，产品同质化严重的今天，配方、功能等相同的产品非常多，这是一个普遍存在而又务必解决的问题。而 FABE 推销法就很好地解决了这一问题，从而顺利地实现产品的销售。

FABE 推销法是由美国奥克拉荷大学企业管理博士、台湾中兴大学商学院院长郭昆漠总结出来的。FABE 的含义是：F（Features），特征，即自己产品所独有的；A（Advantages），优点，即与同类产品相比较，它的优势是什么；B（Benefits），好处，即产品能带给客户的利益、好处，激发客户的购买欲望；E（Evidence），证据，包括技术报告、客户来信、报刊文章、照片、示范等，证据具有足够的客观性、权威性、可靠性和可见证性。

简单地说，FABE 推销法就是在找出客户最感兴趣的各种特征后，分析这一特征所产生的优点，找出这一优点能够带给客户的利益，最后提出证据，证实该产品确能给客户带来这些利益。其标准句式是："因为（特征）……从而有（优点）……对您而言（好处）……你看（证据）……"如："王先生，您好，这款床垫内胆采用袋装弹簧（F 特征），根据人体工程学原理排列组合，可分别承受压力，同时能有效的预防弹簧之间的摩擦（A 优点），能使人体重力得到有效的承载，令脊柱保持自然，确保睡眠安稳舒适（B 好处），经专家检测，袋装弹簧的分解压力性能明显高于普通弹簧，并且能使全身肌肉得到充分放松，并且提供有关证书（E 证据）。"

如果有客户就产品的问题向你咨询，你支支吾吾不敢正面回答他，会让客户觉得这个产品并不是那么好，他对产品的兴趣会大大降低，甚至不会在你这里购买。那么，面对客户的问题，我们该如何自信地应对呢，有以下话术可以作为参考。

如果有客户向你咨询产品的效果，如：你的产品怎么样？效果怎么样？真的有效果吗？真的有用吗？

针对这类问题，我们要直接、明确、正面，用肯定的口吻回答他，如："您好，我们的产品效果是非常好的，这个产品已经在市面上销售了好几年了，客户都反映说很好，您使用后就知道了，它是一款非常不错的产品哦！"

如果客户听过我们的产品介绍之后，提出反对意见，如：如果这个产品没有效果怎么办？

对于这类问题，要很有信心地解答。你的信心来自你对产品的信任，而且是百分之百的，不带任何折扣的，哪怕是1%的怀疑，都会有损我们的信心。如："您好，根据用户实际反馈信息来看，我们的产品效果都非常不错，相信对您的效果也是非常明显的。"

三、 对产品的介绍要客观

营销人员对所销售的产品要有一个了解的过程，这也是不能省略的过程。因为没有哪一个人不了解产品就能做好销售工作。要想把自己的产品客观地介绍给客户，需要学好产品知识。

据调查，在销售工作中，真正做到了解产品的销售人员不到30%。很多销售人员只是知道产品的价格，最多就知道一般的使用方法，而对产品的生产流程和各项指标一无所知。当客户在问到这些问题的时候，只能哑口无言，根本说不出关于产品的种种特点，一问三不知，这样你就无法说服客户。还有的销售人员由于对产品了解不全面，在销售过程中没有向客户指明产品在使用过程中应该注意的事项，以至于造成了不应该出现的质量问题。

一个刚进入销售行业的小伙子在为一家厨具公司卖厨具，刚上班第一天就接待了一位来买厨具的女士。小伙子殷勤地向这位女士介绍产品。由于小伙子长得比较有亲和力，介绍的也很热情，这位女士就听着他介绍，一直看了好多款式。后来，这位女士看中了一套德国进口的厨具，觉得大小、款式、价格都比较合适，于是她问小伙子："请问，这是用什么材料做成的呢?"小伙子一下子被问得哑口无言，支支吾吾地说："哦，这个……"

这位女士见他这样，说道："原来，你连这个产品的情况都不了解啊，那我还是先不买，再看看其他的吧。"

这时，这家公司的销售经理走过来，向这位女士做介绍。但是这位女士由于心有顾虑，还是不太满意，对这套厨具挑三拣四，说出了一大堆问题。最后，这位女士说："要不我过两天再来买吧。"

过了两天，销售人员打电话给这位女士，问她考虑得怎么样了，这位女士回答说："不好意思啊，我先生已经从别的地方买了。"

这笔生意就这样失掉了。这位新来的小伙子觉得很惭愧，因为自己对产品的不了解，让公司失去了一个客户。

俗话说："干一行，懂一行，爱一行。"一个专业知识深厚的人总是会受到更多人的尊重。在自己所处的岗位上，就应该了解该行业的种种特点和行情，以备不时之需，增强对客户的说服力。当你对自己的产品了如指掌的时候，客户自然就会对你信赖有加，对你所做的介绍都会欣然接受。

我们对产品知识的了解，主要包含两个层次：第一层次是产品基本知识层次；第二层次是产品的应用层次。产品的基本知识是产品应用的基础。要成为一个优秀的销售人员，不仅要了解产品的基本知识，还要了解产品的应用知识，要向客户提供相应的不同的使用价值。对这些知识的了解和准确把握，也是普通销售人员与优秀销售人员的一个重要分水岭。

一个优秀的销售人员，不管是对产品的基本知识，还是产品的使用知识都要了如指掌，对自己产品的了解程度，要像了解自己的性格一样。

例如，同样的产品，同样的服务态度，有人一天能卖 10 件，而有的人只能卖 1 件，原因之一就是他们对产品的熟悉程度不同。一个对自己产品了如指掌的营销人员，在面对客户时总能信心十足，当他向客户细致入微地讲解时，已经处于主动的地位了，在他专业、诚恳、耐心的影响下，这一单可能已经做成功了。

四、 提炼卖点， 巧妙勾起客户的购买欲望

做销售有这么一个怪现象：有些营销人员不怎么重点介绍和推广产品，却卖得非常好；而有些商品在营销人员大力推广的情况下，卖得却不如意，不红火。这些现象让很多人难以理解，难道是营销人员的能力不够吗？还是营销人员不够努力？还是其他原因呢？后来终于有人提出要炒作一个概念，也就是找到卖点。此话一出，引发人的思考。是的，同样的商品，凭什么经销商非要买你的？凭什么消费者非要买你的？因此，找到符

合客户需求的卖点显得尤为重要。

营销人员想要提高自己的业绩，必须重视产品的卖点。那些优秀的营销人员就是善于发掘商品卖点的高手，即便已经很难发觉新的卖点了，他们还是会想方设法地挖掘出自己商品的卖点。

关于卖点支撑产品的问题，这里有一个很经典的小故事。一位叫汤姆的营销员居然能把冰卖给爱斯基摩人，足以证明只要发掘确切的卖点，营销的世界里一切皆有可能。

我们都知道爱斯基摩人生活在一个冰天雪地的环境，他们生活中最不缺的就是冰了。一天，汤姆走过去跟爱斯基摩人杰夫打招呼："嗨！杰夫，我是北极冰公司的一名营销人员，我叫汤姆，认识你很高兴。下面请允许我为您介绍一下北极冰能够给您的生活带来的诸多益处。"

杰夫一听便哈哈大笑起来，他抖抖肩膀说："汤姆先生，您确定您不是跟我开玩笑吧？你们公司的产品我早有耳闻，很不错。但是，冰在我们这里不是一个稀罕的物件，我们就住在冰里。"

汤姆点了点头："是的，杰夫先生。我们公司的服务宗旨就是帮助客户改善生活条件。据我所知，您是一个对生活条件非常考究的人。我们都听说过一句老话，什么样的价钱享受什么样的质量。您能跟我说说为什么您使用的冰不花钱吗？"

杰夫笑了起来："很简单啊！你看看，我们生活的地方到处都是冰。"

汤姆又点了点头：“您说得非常准确。你们所使用的冰就是你们身边的这些无人管理纯天然的冰，对不对?”

“是的，这些冰太多了，够我们几代人用，呵呵。”

汤姆突然脸色认真起来，对杰夫说：“好的。杰夫先生。你有没有发现，在这块冰上生活着的不仅仅是我们，还有熊、还有邻居、还有刚刚杀完鱼留下来的鱼内脏。那么请您想一想，您用这些冰觉得干净吗？安全吗?”

“我们自己使，不想那方面的事情。”

“杰夫先生，那么你想想你用的这些冰，划算吗?”

爱斯基摩人显然听起来有些不大高兴了：“对不起，您的话让我听起来突然有些不舒服。”

汤姆又接着说道：“我明白您为什么不舒服。我们也知道您全家人都是在用这些冰的，那么请问您一下，您是怎么消毒的呢?”

杰夫说：“就是把冰煮沸吧。”

“煮完以后得到水，是吗？但是，杰夫先生，您有没有想过你所做的一切都是在浪费时间呢？我想如果今天您能选择我们公司的产品的话，那么，今天晚上您和您的家人就能享用到干净、卫生、安全的北极冰块饮料。而且，你们使用北极冰，我们公司会为您家人的健康负责。”

“好吧。汤姆，我知道了，我愿意跟你签那个协议。”

“恭喜您，杰夫先生，您做了一个明智的选择。那么您是否也愿意帮我问一下您的邻居们是否也愿意跟您一样明智呢?”

在这个故事里，我们不得不佩服汤姆的睿智。他知道客户最关心的是自己家人的健康，而自己的产品会对客户的健康负责就是最大的卖点。通过把冰卖给爱斯基摩人的故事，我们明白产品的卖点对产品的销售是多么的重要。

如果销售人员不能准确地发掘合适的卖点，就很难打开销售局面，他们往往会遇到这些问题：

一是条件差。几乎所有营销人员都希望自己能够在一个好的销售条件下销售自己的产品。一个好的销售条件就是要销售的产品必须有特色、有卖点，一个缺乏卖点的产品是很难引起代理商的兴趣的。即便是零售的产品，如果没有特色也很难吸引客户的眼球。

二是业绩差。一个产品没有卖点，没有特色，自然会被市场上挑剔的客户所淘汰，这样一来就会产生营销人员“信心受挫，烦躁”等不良后果，就这样恶性循环下去，销售的业绩就会越来越差，最终连同营销人员一起都被淘汰出市场。

三是利润低。市场上但凡你能报出名字的，都是有特色的畅销产品。也正因为有特色，所以产品的品牌会被客户记得。反之，就会导致知名度低，利润也越来越低。

因此，如果营销人员想获得好的业绩，就必须重视产品的卖点发掘，然后好好利用产品的卖点炒作自己的品牌。只有品牌在不断地宣传中，在客户的脑子里留下印象，才有可能带来更多的利润，产品在市场上才会销售得越来越好。

那么，作为一个营销人员，如何发掘产品的卖点呢？

一是做到无孔不入。卖点从来不存在有没有的问题，而是有没有发现的问题。你可以在产品的功能品质上发掘，也可以在产品的外观上想办法，甚至可以在竞争对手的身上找突破。总之，要敢于突破，敢想敢做才能在如今激烈的竞争中杀出一条血路。

二是拒绝雷同。现在市场上的产品多种多样，各种炒作方法也千变万化。但是有一个不变的原则就是“人无我有，人有我异，人异我新”，也就是说你要想到别人没想到的，敢于创新。当别人都创新了，那么就寻找创新中的不同，正如一句俏皮话“别人玩创新，我就玩复古”。

三是及时补救。在销售的过程中，很有可能你会遇到一些突发情况，这就要学会转移客户的视角，一个卓越的销售人员总是能够在突发状况时找到最佳的补救措施。

四是敢于放弃。“舍得”之道，所谓“塞翁失马，焉知非福”，有时候当你发现卖点已经失去了竞争力并已经没有什么大的潜力的时候，你就应该敢于放弃。只有不断地放弃，才能发掘出新的真正适合客户需求的卖点。

卖点其实就是给客户一个必须买你的产品的理由。那么精华是什么？精华就是客户无法拒绝的卖点。这就需要营销人员善于提炼卖点的精华了。一般来说，精华只会掌握在少数营销人员的手里，这类营销人员多半善于提炼、总结。

某房产公司的营销人员在推销房产时，因训练有素，能够在较短时间内向客户突出房子的卖点，所以常常能够轻松地说服客户，赢得订单。

一位中年妇女和她的儿子来看房子时，这位营销人员向他们滔滔不绝地介绍了该处房产的卖点——该处房产位于北京朝阳北路附近。营销人员根据房子的实际情况，向他们作了如下介绍：

交通便利，小区离东五环只有两公里远，离朝阳北路只有300米，对于出行来说，非常便利。

房子的容积率极低，叠拼楼低于0.6，全是通透板楼，住起来感觉视线开阔。

社区设计高档。小区的设计单位是由全球排名前三位的美国两家著名设计公司设计。他们特意在社区里设计了两条纵横南北的“景观峡谷”，令小区的景观错落有致，给人以美的感受。

房子布局合理，采光充足。所有房子都是弧形设计，一间房子朝南面比朝北面宽1~2米。

地板采暖。目前国内最先进的采暖方式。

层高3米。房子的空间开阔。

社区将有超大规模的商业配套。

增值潜力大。据规划，小区附近将有两条市政路通过。而且听说朝阳北路将来可能是地铁6号线经过的地方。

……

在介绍完卖点后，销售人员很快将他们带到了样板间参观。结果，这对母子一下就被房子的卖点深深地吸引住了，于是很快交了订金，签下了预订合同。

在销售过程中，利用产品的卖点“迷倒”客户，向客户推销产品，是销售人员获得订单的常用办法，也是最有效的办法之一。对于销售人员来说，只要善于寻找卖点，并用卖点去“迷倒”客户，往往容易促使客户做出购买决定。

最佳卖点并不是靠着经验来取得的，更不是依靠单纯的模仿、借鉴能够得到的，需要用心观察、留心、发掘、提炼、总结出来，真正的销售大师永远记得“独一无二”的价值。一般来说，产品的可塑性、不规律性越强，产品的卖点可发掘性就越强。

那么，卖点通常会在产品的哪些方面体现出来呢?

一是技术方面。技术方面的卖点就是指产品在自己的技术上的一些特点的炒作。比如有一些医疗器械炒作出新的高科技、健康的概念。现在炒得最火热的无非就是“低碳、环保、健康保健、节能省电”。这些电器在打出了高科技的旗号后，明显在市场上更加受关注。所以，营销人员介绍自己手中这些具有时代潮流气息的产品时，只要打好手中的“高科技”牌，善于向客户介绍技术卖点，那么客户将对产品无法拒绝。

二是品质成就。在现实生活中，人们习惯性的遵从“明星效应”，认为只要是名人推荐的一定是好的。其实在整个过程中这些“专家、教授、权威机构”都是品质的变相卖点。靠着质量打造出来的品牌，营销人员只要把自己的品牌说清楚，产品信息介绍明白了，客户自然会自己选择购买。这就是“品牌的力量”。

三是服务到位。有句话说得好：“没有十分完美的产品，但是却有十分周到的服务。”服务可以弥补产品上的不足，服务的质量决定了客户能否接受你这个人进而接受你的产品。以长期的优质的服务作为卖点跟对手比起来就是一个强大的竞争优势。服务是销售的立足之本，销售本质就是服务。

四是特色鲜明。特色，就是产品的特点，特别出彩的一个特征。要求与众不同，别出心裁。做到这一点，营销人员需要有一定的想象力、创造力。要深刻理解“无中生有”的睿智。无论产品本身怎样，只要善于策划、包装，能够发掘出用户都关心的、都感兴趣的某种特质，往往就能左右客户的价值取向。而现代社会，人们对个性的追求越来越高，如果打出“独家”的概念，那些追求个性的客户就会比较容易接受产品。

五是“感情泛滥”。有时候“感情泛滥”并不是一个贬义词，也不见得都是百害而无一利。在销售的世界，如果一个营销人员跟很多客户都是称兄道弟，跟客户之间有着千丝万缕的感情来往，剪不断、理还乱、驱不散的联系也能当作卖点。有时候一句“××总，咱兄弟情分，帮个忙”，很有可能单子就出去了。毕竟对于客户而言，在哪个经销商那里购货都一样，何况这里还是自己的朋友？有句老话：“朋友多了路好走。”如果跟客户的关系打好了，有时客户购买你的产品纯粹是“感情需要”。那么“感情泛滥”这张牌就算是打成功了。

六是概念文化。文化无处不在，而一个好的概念则有可能达到“点石成金”的奇效。但是，用作商品宣传的文化不仅仅是信手拈来、街头式的潮流，而是正儿八经的形成相应的产业文化。

当然，产品的卖点有很多，只要善于发掘，卖点就会出现。选择什么样的卖点还需要根据实际情况而定，但是需要记住的一点就是产品的卖点并不是“多多益善”，而是“精益求精”。如果卖点太多了，不仅仅使营销人员推销产品时失去中心，就连客户也会感到眼花缭乱，最终无从下手。

五、 积极互动， 让客户从旁观者变成参与者

营销人员能不能尽快地让客户了解卖点，对成交有着很重要的影响。如果一件商品的卖点被发掘出来，那么怎样才能把卖点的价值发挥到最大呢？答案就是：把卖点打造成亮点，与客户互动起来，让客户变成参与者。

很多经验老到的营销人员大多采取现场演说的办法，即举办一个小型的推介会，由营销人员直接、直观地演讲、展示产品。当场试用，让客户免费体验，从而激起客户的购买欲。产品的现场展示是最为直接也是最为有效的亮点，更是迅速提高销售业绩最为直接的一个办法。

某营销人员在推销一件不知名的新式笤帚时，就用了现场演示的方法。他在地上放置了很多不同类型的杂物，有纸屑、铁钉、碎玻璃等。他邀请了几位台下的观众上台体验试用。一试用，很多在场的客户都对这个不知名的、外形设计一般的笤帚的清洁能力大吃一惊。这笤帚的清洁效果如此之好，价格还很便宜，于是大家纷纷购买。

活动现场的备货卖得大热，并且此产品凭借着用户的相互宣传一举打开了当地的市场。就这样，一个展示的舞台，一地的废纸屑、铁

钉，帮那位营销人员赚到了7万元的订单，这大大超出了营销人员自己的预期。

此后，他每到一座城市，每在一个经销点举办销售会，都会如法炮制，并能奏效。我们不仅要佩服他，而且还要向他学习。一个好的营销人员，应该想尽一切办法，把产品的卖点打造成亮点，使产品在众多品牌中脱颖而出，迅速吸引客户的眼球，并让客户有购买的冲动。

现场展示销售是展示产品卖点、亮点并吸引人气的好方法，为了达到更理想的销售效果，应注意以下几点：

一是根据产品的功能进行演示。有些功能比较单一的、操作也比较简单的产品，在现场展示时，只要迅速将它的主要功能展示出来，把选择权交给客户，很快就能达到理想的效果。比如，卖的是防水的手表，那么就可以直接在演示台上放一个盛着水的大鱼缸，然后把手表放到鱼缸里边，这样，手表的防水功能就一目了然了。

二是现场销售要注意时间性。在现场的销售会上，时间就是金钱，营销人员应该明白商品的现场展示会带来的销售效果应该是即时的，如果不注意抓紧现场交流的那段宝贵时间，等客户离开会场了，再想去促成交易就很困难了。所以，“时间就是金钱”这句话在产品展示会的舞台上体现得尤为突出。销售人员在举办类似的销售推介会的时候，应该事前明确时间，布置好现场跟单的工作。

三是现场演示的卖点要吸引客户的眼球。如果商品在演示的时候还是主推常用功能，比如刚刚的防水手表，如果你还是把它戴在自己的手腕上，说手表可以看时间，我相信有的客户甚至会当场离开。这种为了演示而演示的方法，如果产品本身缺少新颖的卖点，基本上很难激发客户的购买欲望。比如一把笤帚可以演示它扫铁钉、扫废纸屑等一些非常规的垃圾，那么这把笤帚的清扫能力很容易就凸显出来。以产品本身的功能为卖点，结合实用性与创新性为一体，那么很快这个功能就能变成全场的亮点，而在场的客户，如果对这方面有需求的话，自然会很乐意掏钱购买。

四是演示要有趣味性。如果现场演示像是做政治报告会的话，会让客户感觉到非常的不舒服。因此，适当地增强演示的趣味性，活跃现场的气氛，对于激发客户的购买欲望是很有帮助的。因为只有在完全放松的状态下，人们才会放得开、聊得开。

五是演示要主次分明。一件产品的特点有很多，营销人员可以在演示的时候选择突出重点，学会强弱得当，对于那些客户不关心的功能要一语带过，把客户真正关心的那些特点、重点包装成卖点、亮点，只有这样，才能让自己的产品更加迎合客户的需求心理，也更有助于客户购买产品。

六是创造良好的气氛。聚拢人气、拉近与客户之间的距离最好的方法就是叫卖。只要卖场允许，声音能放多大就放多大，这样能够让客户感觉到自己就是这次推介会的一员。此外，还可以用一些装饰硬环境的方法达到渲染气氛的作用，比如用一些气球、剪贴画、装饰物，甚至是产品的元件，也能让客户尽快地进入推介会的角色中。还可以借助投影仪、液晶电视、笔记本电脑等凸显客户的尊贵气息。

七是演示要注意安全、利落。在做活动的时候，安全是第一位的，如果事先安全工作做得不到位，推介会进行的过程中突然发生意外，那么不仅是坏了气氛、客户大部分流失，还会造成其他意想不到的损失。因此，安全问题、会议活动流程的设置都是容不得半点马虎的事情。

总之，一个优秀的营销人员往往是善于掌握人们心理和态度的杰出人才。要想得到客户的心，就必须先深入了解客户的心理。掌握了客户的心理，并向他推介产品的卖点，才能真正地满足客户的需求。

第四章　打造完美的人性营销流程

打造完美的人性营销流程，要首先找到“鱼塘”，然后通过某种抓潜主张让“鱼塘”里的潜在客户主动地找到我们，进入我们的人性营销流程，接着通过不断地给客户提供价值，进行第一次成交，再进行第二次成交、第三次成交甚至锁销。

一、人性营销的目标设计

很多人认为销售工作中，流程无足轻重，甚至有朋友认为循规蹈矩的销售流程会阻碍他的销售能力的发挥，因为销售过程中变数太大，按部就班则容易束手束脚。但是，万变不离其宗，任何事物都要有一个基本的流程，在遵循这个流程的基础上进行变通，才能使销售工作进行得更加顺利。

1.“免费”是最有力的营销

当你在设计你的目标、你的销售流程时，一定要有个台阶，要循序渐进。在进行第一次成交时，你要思考：如何设计一个更低价的产品？比如给你的目标做一个免费的公开课，或者免费的报告等。

在你成交之前，你必须免费地为客户提供价值，给他一些“糖果”，让他尝到甜头。不管你卖的是什么，在推销你的产品之前，你必须想方设法让客户接受你提供的价值，也许通过免费的公开课，也许通过其他免费的事物。总之，不管以何种形式，你需要有这个“免费”的阶段，这非常重要！

蒋颖是北京一家语言培训机构的老板，主要做高端英语培训，提供3个月、半年、一年的量身订制英语培训课程。蒋颖的销售流程主要是老客户推荐新客户，新客户会留下联系方式。蒋颖会给他们发短信，英文短信，叫每日一句。发完短信后一般会电话约见面，安排咨询和测试，给客户制订学习计划和建议。

学员在开始上课前先付50%的学费，之后蒋颖邮寄学习资料，然后开始上课。但这样经营下来之后，她碰到了一个发展的瓶颈：学员招生不理想。她甚至想关掉自己的公司，投奔“华尔街”或“英孚”，做一名普通的英语老师。

针对蒋颖的情况，她学习了人性营销的课程，做了以下改变：

第一点，老客户的推荐不太正式，所以很难形成规模，应该写一封信，介绍自己的教学理念以及如何让这些客户快速地掌握学习英语的成功经验。

第二点，提供一个价值每小时200元的免费咨询，在这一个小时内分析学员的英语学习历史，了解学员的英语学习要求，剖析学员的英语学习习惯等。

在这里，第二点的目的就是在设计目标和销售流程之前建立台阶，为客户免费提供价值。

在采取了这样的措施之后，蒋颖取得了一定的成效，新客户的成交比例由原来的70%上升到现在的100%。销售周期缩短，原来大概需要半年的时间，现在基本缩短到几周或者一个月的时间。

对于中小企业来说，企业的知名度或者品牌尚没有形成很大的影响力，客户对你的信任是有限的，需要感受到你的价值，才可能采取购买的行动。

2. **为预期设定目标**

你的预期设计往往要受到空间或时间的限制。通常情况下，你和客户的第一次接触，是没有足够的时间和空间的。

譬如说，你做一个链接或者一个分类广告，你只有三分钟介绍的机会。这时候在这么小的空间，你能做的事情非常少，所以你此时的动作不要太大，因为大的行动需要大的版面和时间去说明，去塑造价值。

姜冬岩是广东惠州一家工厂的业务员，一开始，他试图发一个传真去卖一个1800元的厨房垃圾处理器产品，但后来他发现这是非常难的。首先，传真送达的目标不准确；其次，没有多少人会站在传真机旁边被你说服去买一个1800元的产品。

其实，他不应该拿传真去卖1800元的产品，而应该拿传真去送一个免费的试用活动，加上一个赠品，邀请客户过来免费试用，然后在试用现场进行成交。

即使一个前台小姐接到了传真，虽然她自己不需要，但她有可能会转给别人，但如果你试图去卖这个1800元的产品，她转给别人的可能性几乎没有。

所以当你要求对方采取什么行动时，你要考虑到你空间和时间的局限性。面对面销售也是一样的，你打电话给客户，你们面对面的机会只有三分钟的时间，面对这种情况怎么办？很简单，这三分钟你不要对他销售任何东西。你告诉他，我有一个免费的报告给你，请把你的姓名、邮件或者地址给我；或者你跟他说，我有一个非常好的新产品，目前正在测试，我需要七分钟的时间为你介绍，但你现在没有时间，请把你的电话号码给我，告诉我在什么时候打电话最合适……

如果客户接触第一次的时间和空间受限制，那你的目标就不是卖给他产品，你的目标是获得与他进一步接触的机会，这样你后续成交的可能性就更大了。

二、 最有利可图的销售流程设计

人性营销和传统营销有很大的区别。传统营销是把我的名字、我的品牌通过各种手段强行送到你的面前。他并不在乎你怎么想、怎么感觉，他只希望通过市场调研，让你想起他的广告，让你对他的品牌感觉更好，这就是传统营销。

地铁出口处，人来人往，孙洁霞正领着几个女员工销售她的新产品——家用净水器。这时，上来一个戴着眼镜的中年人，孙洁霞赶紧迎上去，一边递送产品简介，一边口若悬河地背着熟悉的“台词”。

中年人毫不客气地打断她的“演讲”：“你这样的产品，让我如何相信它的质量?”说完，随手将产品简介单扔到了垃圾桶。

难堪的孙洁霞愣在那里，喃喃自语：“我该怎么卖，你才能相信我呢?”

通过上面的案例，我们看到了传统营销的弊端。而人性营销是主动出击，是尽量把对方的名字抓到我的数据库里，这是不同的策略。传统的营销，你把自己的名字放在别人面前，但你不知道别人会做什么，你也不知道下一次能不能成交。但当你把别人的名字拿到你的数据库里面时，就可以不停地跟踪，不停地为他创造价值。你未来的收入几乎可以保证，并且可以不断追加。

作为中小企业营销人员，你可以采取的营销方式是后者，因为你没有足够的钱去砸，然后等着别人有一天来购买。如果你能越快地抓到客户的信息，你抓取的信息越多，你就能越快地为他创造价值，就能越快的与他建立信任关系，结果就是你成交的可能性就越大。

这就是人性营销，是可以衡量的、可以测量的，而不是一种祈祷式的营销。这是人性营销跟传统营销非常重要的区别。

销售流程是企业流程的一个关键部分，在这个流程中，目标客户产生销售机会，销售人员针对销售机会进行销售活动并产生成交结果。要想获得更好的收益，你就必须按照销售流程设计中的以下步骤进行。

1. 选择：看看哪个“鱼塘”最适合你

企业要完成高效率的客户互动（包括发送消息、进行客户关系维护等），就必须拥有准确的客户数据库，也就是我们所说的“鱼塘”。如果你现在没有，就要开始建设自己“鱼塘”的工作；如果已经有了，你还要不断积累、巩固这个“鱼塘”；如果你有了“鱼塘”但效果不好，那就需要你细分，并发展出一套适合你公司的数据库定义、整理、归类的流程与体系。一句话，你要“钓鱼”，就应该知道哪个“鱼塘”里的鱼最多。

如果你现在已经是一家公司的老板，那你肯定已经拥有“鱼塘”了，那么先不要忙着放弃旧“鱼塘”，寻找新的“鱼塘”，当前你最应该要做的是在现有的基础上去优化。如果你已经有了一种成交方式，你需要先把旧的方式做好，然后再去优化或寻找新的方式。

如果你是新创业的公司，可以先列出所有可供选择的“鱼塘”，接着选出最有利的“鱼塘”首先进行接触，然后你再决定具体采用什么样的方式做。

如果你是第一次尝试，那么你先要问问自己：你决定给客户什么样的奖励？你需要采取什么样的行动？你最后要获得客户什么信息？这些你都需要事先想清楚，只有想清楚了，才能知道究竟应该选择哪个“鱼塘”作为你的攻坚对象，你后续的方案才容易进行下去。

2. “抓潜”：到别人的“鱼塘”去抓“鱼”

有了鱼塘，你接着就要进行第二步——抓潜。

怎么进行抓潜？很多人满世界地去寻找“鱼塘”，却不知道到哪里去找。其实，与其费尽心思去挖一个“鱼塘”，不如先从别人的“鱼塘”开始，逐渐积累自己的力量。

人性营销鱼塘理论的基础是“你想要的每一条鱼或者每一个潜在客户，都是别人鱼塘里的鱼”。那么，与其你历经千辛万苦下海捞鱼，还不知道能不能捞到，倒不如到别人的鱼塘里碰碰运气。

最通行的办法就是和鱼塘的主人建立一个共赢模式，让他为你和你的潜在客户之间搭起一座桥梁。告诉他：“如果我能够因为你的推荐得到收益，那么你也肯定能够从我这里得到好处。”让他心甘情愿地把他的“鱼”推荐给你。这样，借助了客户对你的信任和忠诚，你成交的容易程度就会大幅度提高。

3. 成交：让客户无法对你说“不”

你抓潜是为了什么呢？抓潜不是展示你“钓鱼的能力”，也不是为了把你的产品宣传出去。事实上，你所做的一切都是为了两个字：成交。

你撒了网，下了饵，经过耐心的等待，现在鱼终于上钩了，还等什么呢？赶紧收线！你必须时刻谨记：机不可失，时不再来。成交就是收线，如果你没有把鱼捞到你的桶里，你所做的一切就都是无用功。成交，是你整个人性销售流程的意义所在。

但是，你必须知道，可能有40%~90%的潜在客户都不会第一次就跟你成交，所以你需要不断地“推动”这些人，不断地为他们创造价值，这样才更容易成交！

4. 跟踪：让你的客户重复购买

成交之后，你的销售流程是否就完成了呢？不，你要时刻准备第四个步骤——跟踪客户。

对于已经成交的客户，你千万不能置之不理，而是需要你不断跟踪，教他怎样使用你的产品，看你提供的产品是否存在问题。你只有不断地为他提供价值，才能巩固你们的关系。

对于那些没有成交的客户，你是不是只能眼睁睁看着他“游出你的鱼塘”呢？不！虽然这一次你们没有成交，但是你也决不能因此而放弃对他的追踪。

只要“鱼儿”还在你的视线之内，在你的“鱼竿”可及的地方，他就有可能成为你的客户。一个优秀的营销人员，在日常的工作中，不断回访和跟踪客户，不断积累潜在的客户资源，才能达到销售越做越大的结果。

对于客户的跟踪主要分为3种情况，销售人员要分别对待，对症下药，才能事半功倍。

第一种情况，客户对产品比较感兴趣，也需要这种产品，只是对价格还有不同意见。针对这种客户的跟进，最好是收集同类产品的价格情况，从自己的产品成本出发，比较各种产品之间的性价比，算账给客户听，以取得他们对你产品价格的认可。当然，为了达成协议，可以适当地在原报价的基础上有所下调。

第二种情况，客户对产品很感兴趣，也想购买你的产品，但由于暂时的资金问题无法购买。对这类客户你应和他做好协调，共同制定出一个时间表，让他把购买你的产品费用做进预算。当然这类客户不会直接说自己没钱，你要学会自己判断。

第三种情况，客户对你的产品还没有一个很深的了解，态度暧昧，可买可不买。对这类客户，你要尽量把自己的产品说得浅显易懂，要把产品给客户带来的好处数量化，激起客户的购买欲。客户往往最关心你的产品会给他带来什么样的实惠，你就要明明白白告诉他能得到什么实惠。

有些客户根本就不想用你的产品，或者已经购买了同类产品。对这类客户是不是就放弃了呢？

实践证明，往往在这类客户中会出现大买家。但如果你跟踪太紧，就会引起他们的反感。最好的做法是和他真心实意地做朋友，周末发送一条温情的短信，逢年过节邮寄一张祝福的明信片，生日时赠送一个小小的生日礼物……只要你坚持不懈，他会给你带来惊喜的。

5. 锁销：打造你的忠实“粉丝”

客户第一次成交了之后，第五步就要时刻准备着跟进——锁销。

对于锁销，你有没有想过该如何锁销呢？你准备什么时候锁销？是立即锁销，还是过一周以后？还是过两周以后？虽然你希望“锁销”，但不代表你需要马上告诉客户。你仍然可以以“服务的态度，提供价值的态度”，让他体验下一个产品，下一个服务。让他知道为什么这些新产品、新服务能够为他提供更多的价值。

你可能会发现，很多人在决定购买之前，过程是很“漫长”的，然而第一次购买之后，购买的欲望就起来了，而且大有不可遏止之势。比如学英语，决定学之前也许很犹豫，可是当客户决定要“学英语”之后，他们会把所有的方法都研究一遍，会购买很多书，在一段时间内他们甚至想把所有的英语书都搬回家。所以，当他第一次购买时，你马上锁销，客户就可能买，因为他想知道“这个方法是不是最好的”。如果你不失时机地锁销，客户购买的可能性就更大。

总而言之，“锁销”和“成交”一样，如果你能让客户更早、更多地体验到这个产品的价值，那他购买的可能性就会加大。

6. 激活：给自己的“旧鱼塘”投下“鱼饵”

你到处“钓鱼”是为了什么？仅仅是为了成交吗？错！你的目标应该是拥有自己的“鱼塘”，一旦拥有了自己固定的“鱼塘”，你的销售将变得更加简单而轻松。当然，有了“鱼塘”之后，随之而来的问题也来了，那就是如何管理你的“鱼塘”？这是销售流程的最后一步，也是至关重要的一步。

对“鱼塘”的管理可以分为三重境界：让客户满意、让客户忠诚、口碑传播。

第一重境界是让客户满意。怎么让客户满意？理论好像大家都知道，然而实践起来效果却大有不同。所以，真正让客户满意是一个系统的工程，每个环节都要到位。

首先，你要及时兑现自己的承诺。很多销售人员对客户承诺过的事情，记录比较随意，这就造成承诺延期兑现或者没有兑现的现象。营销人员应当经常查看与重点客户的沟通记录，保证有承诺必兑现。

其次，还必须记住，有效处理客户抱怨和投诉非常重要。积极解决客户抱怨还依赖于投诉热线的畅通性、客服人员处理抱怨的灵活性和友好态度等，并认真对待客户的抱怨，建立处理抱怨的规范语言、方法等，如规定对客户抱怨的响应时间、处理方式等。

最后，营销人员还要定期收集客户的意见，发现客户关心的问题，并针对这些情况不断改进自己的服务。可以通过客户满意度调查表来评估客户对你的满意度和忠诚度，发现自己的“盲区”。

第二重境界是让客户忠诚。什么是忠诚？就是面对同类竞争产品，客户更愿意持续买你的产品。那么怎么才能让客户忠诚呢？这里需要一些技巧。

首先，向客户提供好的产品与服务。客户觉得物超所值，比较满意，很信任，自然就会重复购买。

其次，经常关心客户，与客户建立情感纽带。以母婴公司为例，当宝宝 3 个月的时候，要从之前所喝的 1 代奶粉改成 2 代奶粉，那么你如果能短信提醒下爸爸妈妈注意此事，客户肯定会觉得很温暖，重复购买的可能性就非常大。

还要提醒的是，让客户通过多渠道（互联网、专卖店、邮购等）购买你的产品。使用多渠道的客户，代表着他们与你公司关系的牢固，同时也体现了你公司的更多价值。

第三重境界是口碑传播。如果客户愿意把他购买产品或服务的经历告诉别人，并一传十、十传百，这种力量将是巨大的。

无数的事实证明，人们口口相传的口碑效应是最有效且最廉价的广告形式，特别是在当下消费者生活节奏快，缺乏足够的时间来研究、对比各类产品和服务的时候，亲朋好友或者其他人的消费体验，对于消费者的决策起着至关重要的作用。

第五章　营销杠杆与成交绝技

一个成交主张肯定得有产品和服务，但你不能把你的产品和服务往那儿一摆就不管了，你需要给产品塑造价值，你需要告诉客户其所不知道的产品背景知识，你需要告诉客户如何更有效地享受你的产品或服务。

一、让成交变简单

如果方法不对，成交就会难上加难！比如下面这个例子：

挂着“游泳培训班招生处”牌子的办公室里挤满了人，他们都是慕名而来的家长，因为办游泳培训的老师是刚退役的省队队员宋洋。这时的宋洋，正忙得不亦乐乎。一个家长问宋洋：“宋老师，如果我孩子报班后仍没有学会，该怎么办呢?”宋洋不假思索地回答：“可以报名参加下一期的学习。”这位家长想了想，摇摇头走了。一天下来，宋洋发现，来了近100人，真正报名的才2人。他很是纳闷：“为什么成交率这么低，难道我哪里做错了吗?”

场面热闹，但成交者寥寥，这难免让一个营销人员有郁闷之情：付出与回报为何不成正比？

1. **绝佳的成交主张**

先跟大家分享一个故事，这个故事说的是三个卖狗人和一个小女孩的故事。

一位父亲想给女儿买一只狗，在这个城市里遇到了三个卖狗人。第一个卖狗人说："你看这只狗多好啊，好像你女儿也挺喜欢的，1000元，你再好好看一看。如果你喜欢呢，付1000元就成交了。至于狗，你也看过了，你女儿现在也挺喜欢的，至于说以后会怎么样，跟我可就没什么关系了……"

父亲摇摇头，走了。

第二个卖狗人说："你看这只狗非常好，是英国的纯种狗，狗的颜色结合得非常好，而且你女儿也挺喜欢。1000元，这个价格也合适。但我不确定你女儿明天是不是还会喜欢，所以你付我1000元咱们就成交。一个星期之内，如果你女儿不喜欢了，只要你把狗抱回来，1000元我就退给你。"

父亲有点心动，但还是来到了第三个卖狗人面前。

第三个卖狗人说："你女儿看起来挺喜欢这只狗的，但我不知道你养没养过狗，是不是会养狗？所以呢……这样，待会儿我会跟你一块儿把狗带到你家，然后在你家找一个最合适的地方，搭一个狗窝，另外我再放好足够的食物给它。你可以先喂一个星期，在这期间我还会教你一些喂狗的相关知识，然后一个星期以后我再来。如果一周后你女儿仍然喜欢这只狗，这只狗也喜欢你女儿，那这时候我来收1000元；如果你说不喜欢，或者你女儿跟这只狗之间没有缘分，那我就把狗抱走，把你家打扫干净，顺便把味道全部清除一下……”

第三个卖狗人简直让购买者两眼放光。那个父亲很痛快地买了第三个人的狗，甚至都没有讨价还价的想法。

为什么第三个人可以成功地将狗卖出去？因为第三个卖狗人的成交主张让这个父亲无法拒绝。他的主张根本无懈可击，让对方觉得若是不跟他成交，将会是自己巨大的损失。我们需要打造的成交主张也必须做到这样，这非常重要！

你和客户的关系，你的价值与你客户的梦想之间，不是仅有买卖这一个接触点，你还需要渗透到客户的梦想里，陪伴他走上一段路。当你这样做的时候，成交过程就变得非常容易。你需要把自己的“点式的思考”，变成“直线式的思考”。

你需要培养客户消费的习惯，你需要教给客户消费的知识，比如，怎么去享受你产品的好处，从而让客户认可你产品的价值，这是非常重要的。

成交主张的优劣，决定了你是否能够成交，以及成交的数量。我们常常看到这样的场面：销售方一开始把产品说得天花乱坠，而一旦客户咨询，是否能给一个承诺，能否保证没有达到某种效果就退款呢？这时候销售方就开始支支吾吾了，用一些根本无法自圆其说的说辞来敷衍客户。

“去××地方领取××产品……关于退货，我公司的制度是交完钱后概不退货……”这不就是敷衍的说辞吗！会有人冒险花钱去买这样一个不知道底细的东西吗？显而易见，只要精神正常的客户，都不会冒这样的风险。

当然，也许例子有些极端，然而在实际中，退货吵架的大有人在。

如果你的营销思维里潜伏着“一锤子买卖”的思想，那你要小心了，因为你正在犯一个十分严重的错误。你需要改变你的营销思维，改变你的成交主张，这才是关键。

如果你想要成交，就要不断地在成交主张上下工夫，不断地对你的成交主张进行强化、美化，一直到它变得无懈可击，让人无法拒绝。只有当对方无法拒绝你的成交主张时，你的成交才会变得容易。

2. 假定成交，让客户非买不可

不到最后阶段，不知道会不会成交。但是在营销人员的潜意识里，是希望成交的。在销售的过程中，双方讨价还价后，成交的价格可能难以预料，最后能不能成交也难以预料。此时，不妨在销售过程中，使用一下假定和对方成交的技巧。

假定成交就是假定对方会和你成交。比如，对方想买你的东西，营销人员只需要对对方的某一个具体问题进行回答，从而促使最终成交。假定成交法不谈及敏感的是否成交这个话题，减轻对方决定成交的心理压力，用“暗度陈仓”的方式，自然地过渡到实质性的成交问题。

假定、假定、再假定，不论多么啰唆和麻烦，营销人员在销售过程中，也要一直不断地假定已经成交。当然，也可以向对方展示产品，从开始接触对方到真正成交，营销人员都需要这样的假定。

在做每一件事情的时候，都要假定你的客户将要购买你的产品。在整个商谈的过程中，你要一遍遍地假定你和客户能够成交，那么，客户也会随着你的思维，假定会购买你的产品。有人将这种心理建设的过程叫作“洗脑”，不无道理。

世界著名的销售大王乔·吉拉德认为，在销售中，假定自己成功的次数越多就越好。好多销售新手，不懂这个道理，到了要签约的时候，才假定这笔生意能成功，如果到了这个时候再假定，就已经太晚了，所以一开始就要假定成交。下面我们看一段乔·吉拉德的演说稿：

“老实说，如果这种洗脑方式能够说服人们去购买对他们有益的产品，我不认为使用这个方法有什么不好。洗脑类似潜意识形态的广告，就像电视或者电影里的广告一样传递给你一个信息，而你在大脑的潜意识里留下了印象。这个信息被放在了一个心理机制的框架上，速度快地让你无法想象。

同理，当你不断假设那笔生意能够成交，你所做的事情就会以成交为目的。于是你会把一个信号传递到客户的潜意识里，驱使他们购买你的产品，因为你的客户潜意识里正在挑选出‘购买’的信息。

我相信你和我一样，当你走进商店打算随便买点东西的时候，你会发现有很多是要买的。如果有一个小时的转机时间，我就走进飞机场的男士服装店消磨时光，顺便看看最近男士服装的流行款式。

我不知道逛了多少次这样的男士服装店，究竟买了多少衣服。我只知道当我走出店门口，我会摇脑袋，自言自语地说：‘到底怎么回事，我又买了一堆废物？我的衣柜里已经塞满了衣服。’

后来，当飞机飞到了一万五千千米的高空，我坐着休息，脸上露出了会心的微笑。我想大声对自己说：‘真是混蛋，为什么服务生一开始就假定我买衣服，而我真的买了。’而我却又独自发笑，因为我用同样的方法，也卖掉了好几千部汽车。”

假定成交的恰当使用，会给客户一个强烈的心理暗示，也会使客户对你的产品产生越来越大的兴趣。

比如，当一个客户在柜台前挑选皮带，营销人员可以和客户这么说：“您手里的这条皮带是世界名牌，非常适合您的身份。”空调机的营销人员也可以在了解客户需求后，假定成交，这样说：“这个空调很适合您，我们会为您免费安装的。”

营销人员在使用假定成交时，应该尽量创造和谐的商谈氛围，注意观察客户的购买心理变化，捕捉和客户成交的信号，促进交易。

如果客户对产品没有什么兴趣，或者还对产品存在很多疑虑时，营销人员就不应该采取这个策略，以免失去客户。同时，营销人员应该分析客户，对不同性格的客户采取不同的方法。对于较为熟悉的老客户，或者个性随和、依赖性强的，可以采取假定成交法。而对于一些自信或者自以为是的客户就不宜采取此法。

在谈判中，不管什么类型的对手，与对方获得共识，是谈判过程中建立和谐环境的重要方法。

在很多人的眼里，营销是一件苦差事，费力不讨好。因为营销者是被动的，主动权掌握在客户的手里，所以才造成了营销难的困境。能在营销中，变被动为主动，恐怕是每个营销人员的梦想。那么，怎样让客户非买不可呢?

当客户非常想买，但是还犹豫不决时，你可以采取这样的技巧，使对方按照你的思维做决定。比如，客户对互联网了解不多，但是却认为互联网对公司的宣传有好处，希望做一个网站而不知道做多少网页，销售代表可以这么说："李总，你看是先做 5 页，暂时将你的网站建立起来，再根据效果建立起来，增加网页数，还是一次性将您的网站建立起来，要做就做最好呢?"这样，客户很容易被引入到你的思考中，不是考虑做不做，而是考虑怎么做，实际上就是同意做了。

在假定成交中，可以使用一些话术，通过一些话术向客户施加一些心理暗示："我会直接把发票寄给您!""请把名字签在这里!""你同意后，请把名字签在这里!""恭喜你做了一个明智的决定。""我会把它当成礼物送给你。"这些话术，用在客户购买产品之前，你只要假定客户将要买你的产品即可，而不必关心客户把发票送到哪里或预订金额等问题。

有些客户即使有意购买，也不一定立即签单，而是在一些其他问题上打转转，这时，营销人员要审时度势，解除客户的疑虑，而不要急于谈签单的问题。比如，客户不知道哪台机型好用，这时，你就可以利用你的专业知识帮客户选择，既显得关心客户，又能帮助实现成交。

如果客户对产品产生了浓厚的兴趣，则通过营销人员专业的知识和灵活的沟通技巧促使客户达成合作。如果客户对产品不感兴趣，则应该立即停止关于产品的沟通，而转向客户感兴趣的话题。这个方法考验销售员对客户心理的把握能力。

有些客户天生犹犹豫豫，即使对你的产品感兴趣，也会迟迟不做出决定。这时，你不妨故意装作要收拾东西，做出要告辞的样子。这种举止，有可能促使对方下定决心。

二、寻找利润，寻找根本

万事都要找到根源。企业经常的根本目的何在？答案毫无疑问——利润。企业经营产生利润就像人体需要的食物、氧气和水一样，没有它们就没有生命。只有抓住了利润这个根本，才能使企业立于不败之地，才能使你成为成功的企业家。当然，只有得到了利润你才会变得富有，才可能实现自己的梦想，过你向往中的生活。

在总经理办公室，王奇栋望着手里的财报，高兴地对营销经理说：“小张，今年干得不错，赢利500万元。下个季度你把产品售价提高20%，利润肯定能增长不少。”一季度过去了，王奇栋看着新的财报，不由得愣住了，他发现销售额大幅度下跌，公司也亏损了30万元。他奇怪地问自己：“提高了价格，收益反而降低，究竟该怎样提高利润呢？”

很多人抱怨：“我的产品定价很高，为什么总赚不到钱呢？”“销售额不低，为什么我总是不赚钱呢?”实际上，这时候你已经跌进了“不赚钱”困局。那么，该如何才能引爆你的利润呢？只有3种，也就是3个支点。那就是成交率、客户终身价值和抓潜数量，除此之外，别无其他。

1. 想办法主导成交率

你的企业为什么要进行宣传推广？这个问题是每一家企业都必须面对的。回答可能是多种多样的：销售产品、推广品牌、招商引资、网络赚钱、培养忠实用户，等等。虽然大多数人知道自己开展宣传推广的目的，但他们往往忽视了成交率这个事实上的关键存在。

有的网站每天才几百个人访问，但却能得到好几个有效的客户或订单。而有的网站每天成千上万人访问，但多数只是匆匆过客，推广费用上去了，却没有带来几个掏钱的主儿。其中的区别就在于：你是否对于成交率有足够的重视。

什么叫成交率？其实很简单，就是你成交的客户数量与总的客户数量的比例。稳定成交率，其实就是寻找掏钱的主儿。

你了解你的产品吗？你了解你的对手吗？你了解买家的思维方式吗？想要不流失任何一个潜在客户，就得从这3个最根本的问题入手。这就是提高成交率的方法。

（1）让客户第一时间找到你

两个不能忽视的细节，一是在发订单的时候一定要写清联系电话，保持在线；二是要求客户进行反馈，这就需要掌握手机客户的联系方式和资料。

(2) 设计内容完整的营销信息

告诉客户他们想要知道的任何内容。一是能使客户更放心、更愉快地与你交易；二是提高公司或企业的形象；三是宣传了你的其他产品。

(3) 做好电话回访

对有意向的客户定期和不定期地做好电话回访，但在这方面一定要把握好尺度，不要引起客户的反感。如果不跟踪，客户会把你遗忘，但一定要做到适度。

(4) 做好赠品，寄出分发

赠品代表你的公司或企业的势力、形象。看到你的赠品，可以让客户更加坚定成交的信心和决心。对知晓底细的老客户可考虑运费全免，对于有诚意的新客户，可告诉他虽然是赠品，但从发展双方业务考虑，请对方付运费或邮寄费。

(5) 产品的质量必须过硬

质量有保证，才能让客户放心，营销人员在销售产品或货物的时候说话才硬气，客户才可能第二次购买。质量不过关，订单成交无从谈起。

(6) 价格要合理公道

一个产品的价格定得高低？是否合理？直接对订单的成交有影响，既要给客户一定的利润空间，也要使自己有钱赚，做到价格合理公道，物有所值。

(7) 借力权威成交订单

中国人相信权威。订单发出后，对重点客户，也就是比较大的订单要想法摸清对方企业或公司的归属，企业或公司主管个人生活圈子，利用同学、战友、亲戚、朋友的关系，找到企业或公司主管的上司或领导，利用权威促进订单成交。

（8）做好售后服务

做好售后服务，要想拿到第二回订单，就必须做好售后服务。让客户把不满意的地方说出来，认真听取客户的建议，并加以改进，处理好客户的投诉，让客户感受超凡的服务水准，二次订单成交率会在80%以上。

2. 客户终身价值的力量

营销活动中一再强调要以客户为导向，企业要想生存，就必须不断满足具有赢利能力的客户的需求。衡量客户赢利能力，可将客户满意度和忠诚度作为两大指标，但从过去和目前的状况来分析，仅有这两大指标是不够的。企业必须立足未来，预计客户在生命周期中可以带来的利润，以此为指标找出目标客户，并以此衡量自身的客户关系以管理业绩。

这就需要引入“客户终身价值”这个概念。客户终身价值指的是每个购买者在未来可能为企业带来的收益总和。也就是说，在“后端营销”中，你还能卖给你的客户多少东西。在一个正常的业务流程中，你90%甚至更高的利润都在后端，如果你没有把握住客户终身价值，就相当于把90%的利润白白地扔进了水里。

第一次成交只是一个测试，是客户测试你值不值得信任。如果有第二、第三次，甚至更多次成交的机会，后面的追销成本几乎是零。追销是一个不断帮助客户，不断为客户创造价值的过程。如果能够以零成本达到利润最大化的效果，何乐而不为？

你必须清楚地理解，客户的终身价值越大，你借力的可能性就越大。

就是说，你可以牺牲掉所有的前端利润（虽然别人会觉得你疯了），但是只要把握住后面追销的机会，你一样能够赚钱。

关于如何把握客户终身价值的力量，下面是你必须要记住的3点。

（1）重视客户生命周期

客户是有生命周期的，企业要通过与客户之间的不断互动，提供各种信息和客户进行交流，从而有效地影响客户的行为，进而留住客户，不断增加自己的利润。只有经常性地分析和了解处于动态过程中的客户状况，才能搞清楚不同客户的利润贡献度，企业才便于选择应该供应何种产品给何种客户。

（2）重视客户再造

研究发现，向一个流失客户销售产品的成功率，是向一个新客户销售产品成功率的两倍。一般情况下，公司每年平均流失20%～40%的客户，因此公司不仅需要建立客户获取和客户保留策略，还需要建立客户再生策略。

（3）满意来自细节

在动态的记录分析过程中，企业需要分析不同客户的不同需求，促进企业及时从客户需求出发设计产品与服务。这样，销售人员可以将销售重点专注、聚焦，明确客户群，及时响应客户需求，并提供个性化服务，提高效率，降低成本，最终达到客户满意、销售量增加。要记住，永远不要给客户空洞的承诺，应该从小处着手，细致地关注客户的每一个需求，这样才能使客户满意。

3. “抓潜数量”的多少，直接影响到你的业绩

“抓潜数量”就是你潜在客户的数量，它会直接影响你的业绩。

为什么你需要抓到潜在客户呢？比如，商店一开门，每天有200个人到访，你卖给10个人产品，剩下190个不知道哪里去了。这没有用，这根本不是“抓潜”。那190个客户白白流失了，你既没有成交，也无法进行追销，就丧失了提高业绩的好机会。

你想想，有多少人会在第一次看到产品时就决定购买？很少！但是又有多少人，在经过一次又一次的教育后，会慢慢地做出决定？很多！

所以你的“抓潜”应该是这样的：像波浪一样不停地向前推进。你要获取他们的信息，不停地跟他们接触。但是如果你没有“抓住”那些潜在客户的名字、电子邮箱等信息，你就无法让他们进入你的数据库，也就无法“推动”他们。

所以你需要建立自己的“抓潜”体系。这么多的潜在客户，他们的层次是不一样的，对你的产品的理解、需求和信任是不一样的，他们接近成交的距离也不一样。但是只要你有他们的名单，你就可以不断地为他们提供价值，你就有机会去成交。

比如，如果你有客户名单，你就可以向他们发邮件，每发一次邮件都会产生一定的响应率，通过响应率你可以计算出每一次的成交率。你也可以邀请潜在客户来参加活动，只要邀请就一定会有人来，然后你可以在现场成交或后续追销。所以抓住潜在客户的名单，这非常重要！

三、让利润倍增不是神话

什么才是你增加利润的“王道”？

降低成本？错！这个观点已经过时了。降低成本虽然是企业获得利润的手段之一，但绝对不是主要手段。要想魔术般地获得高额利润，你必须从三方面入手：优化、倍增、续值。

1. 优化：给“赚钱机器”加点润滑油

优化是什么？其实很简单，当你的网站已经有了一定的流量，但是我帮你改变一个标题，可能就会让咨询电话的数量增加2~3倍；你的文字链接广告已经挂在别的网站上，但我通过改变那个文字链接的内容，可能就让你的“点击量”增加两倍；本来你的“成交主张”没有赠品，我现在加了一个赠品，突然你的成交率增加了20%……这就叫优化。

你有一批购买过产品的客户名单，本来你是在一个月之后去追销，成功率是30%；但现在你换了时间，半个月内去追销，成功率变成50%。这也是优化。

在你的客户购买了1000元的产品之后，你想追销他2万元的东西，结果成交率只有5%；现在你换种方法，去追销他5000元的东西，结果成交率是50%。这也是优化。

当下，全球的经济衰退正深刻地影响着中国中小企业的生存状况。这场危机将会对中小企业进行优胜劣汰，不失时机地让好的中小企业利用当前形势提升品质，做大做强，增加抗风险能力；让不好的中小企业自然淘汰，从而实现优化组合。

与此同时，这也正是企业练内功，或者说对业务进行反思、转型的良好机会。你更加需要通过优化手段加强内部管理，创新业务模式，以保护投资，降低成本，增强灵活性，应对经济环境挑战，帮助企业化危为机，为企业发展提供动力。

2. 倍增：让财富发生裂变

倍增是什么意思？很简单，倍增就是在原来的基础上，采取一些复制或改进措施，将效果扩大。比如，你的成交是通过公开课进行的，效果非常好，但是你以前只是在上海做，外地没有，现在你通过把这个成交模式移到了北京，结果效率更高。这就是倍增，是你从一个地区复制到另一个地区的做法。

美特斯邦威有限公司老板周成建是浙江省青田人，1982 年，年仅 17 岁的他在青田县里开了间裁缝铺子，可很快铺子就因为没有资金而被迫关门了。无奈之下，周成建在 1986 年只身来到温州闯荡，经历了一连串的碰壁之后，有个老板看中了他的手艺，答应收这个年轻人做裁缝。

对于这份工作，周成建非常卖力，每天工作 16 个小时。终于，一天操作机器时，他打起了瞌睡，失手把一整批西装袖子全截短了。面对勃然大怒的老板，周成建突然想到了将西装袖子改成夹克袖子。这么做居然奏效了，而且卖得很好。对于这件事，周成建大感意外，觉得衣服的设计并不是一成不变的。

这件事给了周成建很强的信心，小裁缝开始研究“生意经”。他一头扎进市场，做起了前店后厂的生意。到1993年年底，周成建的原始积累已经实现。1994年，周成建投资400万元成立了温州美特斯邦威有限公司，并很快发展壮大。1995年4月22日，周成建在浙江省温州开办了第一家美特斯邦威专卖店，产品面向工薪阶层，实行薄利多销，迅速打开了市场。

接下来的几年，美特斯邦威公司的资产从百万元迅速膨胀至数亿元。周成建的制胜秘诀就是靠虚拟经营迅速扩大资本，一共两招，一招是“借鸡生蛋”，即定牌生产；另一招是“借网捕鱼”，即特许连锁经营。

美特斯邦威成立后没有生产过一件成衣，全部由国内200多家服装厂代加工。美特斯邦威也不亲自卖衣服，而是由分散在全国的1200多家加盟店销售。

周成建“虚拟经营”的商业模式一度成为各大学院MBA研究的对象，成为一个热词。

2004年，美特斯邦威完成了令人羡慕的25亿元的销售额和2000多万件套衣服的年销量。2006年，周成建以33亿元的个人资产入选“胡润中国百富榜”第85位；2007年他的个人财富达到60亿元，终于借助连锁店功成名就。

圣雅伦公司董事长梁伯强曾说：“一个人的成功不叫成功，一个人的事业不是伟大的事业。”同样一个店铺的成功并不叫成功。

市场上许多知名的连锁店早期都是由单店起家，以独资或家族的经营形态创业，而随着企业规模的日益扩大，逐渐释股给资深员工，越做越大，不断扩店，造就了连锁店的蓬勃发展。

有人赚钱很不容易，有人来钱却如泉涌。其实利润倍增不是梦，只要商业模式对路、经营策略得当、实现价值创新，就能带来更多利润。倍增利润不仅是挖掘现有的经营潜力，寻找新的业务增长点，也是一个考验你是否能够成为成功企业家的试金石。

3. 续值：一座用之不尽的宝藏

什么叫续值？实际上，就是对旧模式的潜在价值进行挖掘并延续。

营销的每一个步骤都会产生一家资产，这些资产很可能你只使用了一次或者只能使用一段时间。但是这个资产的时限很长，应用范围也很广，可能不止对你有用，对别人也有用。

比如说你写了一封销售信，放在网站上挂了三年，你每天看每天看，直到你觉得它已经没有什么价值了，你就把它停掉，去写新的信。但是三五年后，你发现这封信仍然有用，仍然能够为你带来收入。别人复制了你的销售信，放到他所经营的领域，这封信依然能够给他带来收益。这就是“续值”所带来的利润增长。

你不要以为潜在客户跟你一样，会整天盯着你的销售信看，这不太可能。人们的生活有很多内容，别人不可能像你一样天天盯着这封信看。某人偶然看到你这封信，也许现在他没感觉，但是另外一天他看到信说不定就有感觉了。

更重要的一点是，如果把你的营销比喻成一个探照灯，千万不要设想你的探照灯在任何时间都是照着同一群人。你照的是一个游行的队伍，这些人在不停地走，你的探照灯只是冲着一个点，但是每年你的客户队伍中都会有新人进来。

比如，你是做英语夏令营的，你的客户是初二的学生。你今年是用这个广告，用这个模式进行成交的，明年你仍然可以这样做，因为明年初二的学生和今年的不是同一群人，就依然有效。

再比如，你一直在上海做陶瓷生意，另一个人则在乌鲁木齐，也做陶瓷的生意，你完全可以对他说："我教你一种卖法，保证有用，但你需要一次性付我多少费用……"假如，你可以卖到 20 个城市，设想一下价值有多大吧？虽然你可能有新的卖法，但并不代表旧的卖法对别人没用，这就是价值的延续，也叫续值。

你的每一个活动都会产生一个资产，这个资产可以反复组合，反复利用。每一次利用都会产生收益，每一次利用都会为你带来利润。

你需要去思考的是：应该如何进行续值？不要因为你是做陶瓷的，就认为你的所有营销方案只能在陶瓷行业使用，你可以移植到别的行业，很有可能会产生一样的效果。

比如美容，美容业是一个很赚钱的行业，你想做美容业的营销顾问也很简单。你去看下《北京青年报》《北京晚报》等报纸的广告，有很多美容广告，而且有一些美容广告是天天做，月月做的，通过这些你就知道美容店是赚钱的。

但遗憾的是，这个市场上 80% 的人做了广告是不赚钱的。所以你可以去深圳，跟深圳的美容店谈："我帮你写广告，赚来的钱我们对半分，可以吗?”人家当然愿意。那么你需要做什么呢?很简单，你只需要把北京的东西照搬到深圳就行了，这就是续值。

但是多半企业看不到这一点，也不知道怎么续值。很多人非常愚蠢，同样的行业，这么多广告，80%的广告都在浪费，他就不知道看看竞争对手是怎么做的；有的人知道看竞争对手，但他只限于看本地的竞争对手，为什么不去看看外地的竞争对手呢?

从各方面说，你都有很多续值的机会，但是你必须按照一定的顺序来做：优化—倍增—续值。

为什么是这样的顺序?因为没有优化，你的倍增是没有用的，你所复制的都不是最优化的东西。比如你在深圳的成交率只有10%，那你移植到广州也是一种浪费。

当你把成交率优化好之后，再进行移植，你的成功才会被放大。同样，当你有了倍增之后，你再续值，就会产生一个更大的杠杆叠加作用。

所以，如果说“三大利润支点”解决了你的企业“从哪里下手，从哪里切入”的问题，那么“三大利润魔术”则让你明确了“做什么，怎么做”的问题。

第六章　感动营销，给客户更多的惊喜

营销人员通过感动服务训练，为客户提供更完美的服务消费体验，回归人性的营销之道，让你在带给客户更多惊喜的同时，也让未来的营销之路越走越通达顺畅！感动营销的优势在于抓住客户的心，那么留住客户也就轻而易举了。

一、感动营销助跑企业迈向卓越

消费者太不“忠诚”了——一打价格战，消费者立刻转移，只要有新的牌子、新的概念出现，消费者就产生尝试、转变的心理，进而影响对原品牌的信赖程度。因此，营销的手段越来越单一，营销的水平降低，市场的次序也被打乱。而另一方面，消费者抱怨企业只做表面文章，购买前后两副“面孔”。难道这是消费者的错吗？究其原因，是企业没有感动消费者，消费者也没有被感动。

1. 品牌优势，让经营更高效

一个企业没有品牌会怎么样呢？

假如你们公司开发了一种新产品，为了推广该产品，你们公司聘请了很多销售员去推销。结果会怎么样呢？结果很可能出现这样的情形，销售员打陌生拜访电话时，很多客户可能会说，这个产品我没听说，你们公司我更加闻所未闻……然后“砰”的一声挂掉电话。而那些一头冲向市场、上门推销的销售员，则垂头丧气地回来公司对你说：“老板，我们的产品客户没听说，所以业绩不好。”

为什么会出现这种状况呢？原因很简单，你的企业和产品在市场没有知名度，所以不被客户接受。最后，销售员没有完成业绩，而你请销售员的钱都打了水漂。

如果你的企业和产品在市场上有一定知名度，结果则是截然不同的。如果你把资金更多地投入到打造品牌上，让客户对你的产品有较高的认可度，那么你公司的销售员就可以轻松地把产品卖出去，你企业的业绩也就可以翻一番了。是不是打造出一个品牌来，让公司的销售员省力但更赚钱呢？

其实，打造品牌就是营销的一种手段，它可以让你花最少的钱，赚最多的钱；让你花最小的力气，做最多的事情。所以说，消费者没有听说过你的公司或者产品，那是因为企业的营销工作做得不好。你的品牌有没有无处不在，你的企业文化有没有深入人心，决定了你推销东西的时候是否更省力、赚更多钱。

如果你拿名片给潜在客户，客户说没有听说过你的公司，这样卖东西很费力，但如果潜在客户一看名片，就说我听说过你们公司，这样你卖起东西就很省力。最好是连名片都不用拿出来，客户就说知道你的公司。这就是有品牌与没有品牌的区别所在。

从某种意义上说，企业单纯地“以质取胜”已成为过去，企业品牌形象的差异正在取代传统的商品本身的差异，企业卖的不再是差异化的商品，而是差异化的品牌理念。一件产品可以被竞争对手模仿，但品牌则是独一无二的。一般产品容易很快过时落伍，但成功的品牌是持久不衰的！

未来的营销是品牌的竞争，拥有市场比拥有工厂重要得多，而拥有市场的唯一途径是拥有具备市场优势的品牌。这是品牌对于企业的意义。随着经济的全球化，我们面临着大规模的“侵略”，“侵略”我们民族的生存空间。它们凭的又是什么？就是品牌。

市场竞争转化为品牌竞争，从根本上讲，品牌就是财富所有权的象征。但并不是所有产品都需要品牌支持才能卖得出来。譬如大家一看到这个桌子，是玻璃的，是桌子，很多人不需要比较品牌，看到桌子就决定要跟谁买。

但是一个信息不对称的产品，就需要品牌。比如，一家新成立的公司开发了一种可以治百病的保健品。像这样的产品，消费者是不敢轻易购买的。但如果这种保健品是北京同仁堂研制的，可能很多消费者会买回去试试。

（1）品牌是产品或企业核心价值的体现

品牌不仅将商品销售给目标客户，而且让客户通过使用对商品产生好感，从而重复购买，不断宣传，形成对品牌的忠诚。

有的企业更为自己的品牌树立了良好的形象，赋予了美好的情感，或代表了一定的文化，使品牌及品牌产品在客户心目中形成了美好的记忆，比如“麦当劳”，人们对于这个品牌会感到一种美国文化、快餐文化，会联想到一种质量、标准和卫生，麦当劳品牌也能激起儿童在麦当劳餐厅里尽情欢乐的回忆。

（2）品牌是质量和信誉的保证

企业设计品牌，创立品牌，培养品牌的目的是希望将品牌变为名牌，于是在产品质量上下工夫，在售后服务上做努力。

比如“海尔”。作为家电品牌，人们提到优质“海尔”就会联想到海尔家电的高质量，海尔的优质售后服务及海尔人为客户、用户着想的动人画面。

再如“耐克”。作为运动品牌的代表，其高科技的原料、高质量的产品为人们所共睹。“耐克”代表的是企业的信誉、产品的质量品牌，这是企业竞争的武器。

树品牌、创名牌是企业在市场竞争的条件下逐渐形成的共识，人们希望通过品牌对产品、企业加以区别，通过品牌扩展市场。品牌的创立，名牌的形成正好能帮助企业实现上述目的，使品牌成为企业的有力的竞争武器。

总之，品牌作为市场竞争的武器常常为企业带来意想不到的效果。

（3）品牌是识别商品的分辨器

品牌的建立是由于竞争的需要，用来识别某个销售者的产品或服务。品牌设计应具有独特性，有鲜明的个性特征、品牌图案、文字等与竞争对手的区别，代表本企业的特点。通过品牌人们可以认知产品，并依据品牌选择购买。

比如，消费者购买汽车时有几种品牌选择：奔驰、沃尔沃、通用。每种品牌汽车代表了不同的产品特性、不同的文化背景、不同的设计理念、不同的心理目标，客户和用户便可根据自身的需要，依据产品特性进行选择。

（4）品牌是企业的“摇钱树”

品牌以质量取胜，品牌常常附有文化、情感内涵，所以品牌给产品增加了附加值。同时，品牌有一定的信任度、追随度，企业可以为品牌制定相对较高的价格，获得较高的利润。

品牌中的知名品牌在这一方面表现最为突出，如耐克运动鞋，比李宁运动鞋、安踏运动鞋高出几百元。由此可见品牌特别是名牌给企业带来的较大的收益，而品牌作为无形资产，已为人们所认可。

2. 回归人性情感，让客户更忠诚

要想把生意做大做好，离不开两点：稳住原有的老客户，不断把新客户变成老客户。“开发十个新客户，不如维护一个老客户”，回归人性情感，让客户更忠诚，这是一条销售的黄金法则。稳定的老客户资源不仅可以使自己的工作变得更加有效率，而且也是保持业绩稳定的重要方式。

客户是企业赖以生存和发展的“衣食父母”。而在今天的市场经济的大潮中，谁赢得客户，谁就赢得市场，谁的企业就能够有所发展。世界级管理大师彼得·德鲁克说，一个企业最重要的任务只有两件事，第一件事是创造客户，第二件事是保留客户。

任何一个企业为了让其产品好卖，都会做一系列的营销工作，如请推销员上门推销产品、制作网页在互联网上宣传、举办经销商大会、在各媒体上投放广告、派发宣传单……企业所做的这一切工作，都只是为了得到一个目的——创造客户。可是，一个企业除了会创造客户还不够，还要会保留客户，这样，企业才能真正赢利。

假设一家公司源源不断地开发了大面积的市场、大量的客户，但是他们留不住客户。客户只要跟他们做一次生意，就再也不愿回头跟他们做生意了。如果不能回头做生意，也就意味这家公司要不断地开发新客户。试问一下，一个缺乏老客户回头消费、一个要不断开发新客户的公司能持续创造利润吗？

在这里，我可以肯定地告诉你，这样的公司是不能创造利润的。为什么呢？因为它永远要用最大的成本去开发客户，而且要不停地开发，企业才能维持一点点生存的利润空间。最终，企业会因为开发市场成本太高而不堪重负。

如果你既会开发客户，又会保留客户的话，那么你经营企业的成本将大大降低，同时还能获得高额的回报。接下来，我们就来分析这其中的缘由。如果一个老客户会回头来跟你做生意，这时你可能就不太需要花和当初一样的高额成本去开发这个客户了。老客户回头来跟你做生意，你的获利空间就变得更高了。

所以大量开发客户的同时，留住老客户，这才是企业最主要的任务。只要客户能持续和你做生意，你经营的企业就会更有累积性。比方讲，现在你花了四年的时间去开发客户，但在第四年的时候，你开发的客户仅跟第一年的一样多，但是因为你前三年开发的客户不断回头跟你做生意，所以你的业绩不断增长。这个增长的比例有可能是300%，甚至在400%以上。这个可观的利润增长率靠的不是你不断地去开发新客户，而是靠老客户的回头率，重复消费。

所以，在创造客户的同时，要努力保留老客户。而留住客户的关键，还包括服务。在产品过度同质化的今天，你想让客户死心塌地、一如既往地选择你，服务好客户才是制胜的关键。而服务就是要让客户满意，这样生意才会兴隆。

培养客户忠诚度之必需——服务于你的客户。

一位客户的来信，使各大企业深思，信的部分内容是这样写的：

我们想要的，是希望你们（产品或服务的提供者）可以满足我们的要求或给我们多一些；而我们不想要的，是不愿看到你们一天到晚那么辛苦，而我们的需要还没有得到满足。这就是一种资源的巨大浪费！

我希望建立一个有形的开放式的客户快乐反馈室或快乐体验室。内设客户休息或健身厅、咖啡厅让客户休息等候，来者就是客……中午休息时，客户可以去休息室休息、娱乐（有飞镖、拳击等），一切以人的需求为导向，不舒服怎么可能喜欢企业？

企业应该提供录音机或录音电话，可以让顾客选择录音。这样才能保证客户的意见被真实客观地记录下来，这是一种责任和义务。节省客户的时间，尊重别人要从珍惜他人的时间开始……尊重时间是关键，而一些企业没有录音机或录音电话，也没有客户关怀室让我们可以选择。

客户与第一次接触的员工沟通，花了很长时间，是对他的信任，相信他能够将客户的心声——来自我的这份爱，传递给更多的人，传递给更多的高层员工，再通过你们服务改进，传递给更多的客户，使他们受益。但是，他真的能不加任何个人因素，很客观地传达，同时在第一时间给客户反馈吗?

对客户需求要及时反馈。一些企业不注重对客户需求的及时反馈，反应并不快。口号很多，但言行不一致。并不是所有的建议都需求你们全采纳，但客户的需求反馈到哪一个层次，领导或相关责任人的反应和说法，都是我们想知道的。

你们有责任及时告诉我们，只是几分钟，但往往被拖到几天以后就不了了之。顾客的建议那么有价值，但为什么连电话都没有回呢?更别说什么奖励了。

建立客户建议的激励机制。顾客未必要接受你们的礼物，但企业要做出来，甚至形成一种机制激励顾客（这里说的顾客不仅仅是外部顾客，也包括你们的员工内部顾客)。顾客的建议是需求所在，是最有价值的，也应该获得鼓励。并不是每个人都具备很深厚的社会责任感，优秀的建议需要企业去激发，而不是等待投诉，那已经晚了一步。

让客户培训员工。客户是最好的老师，会告诉你他们想要什么。如果多一些这样的活动来培训员工，会比企业内部天天培训轻松得多。

与顾客见面的形式多样化。作为顾客，我们并不希望见面形式有多华丽，我们只希望次数多一些，形式简单、自然，如篮球比赛、生日会等，能够多一些机会交朋友，有更多自然沟通的机会。

立即行动。一个行动比10个想法都重要，如这些建议，你们只用花几周的时间选一两个点做实验，就会知道是否有效。至少你们将收获经验以及正确的判断，还有速度。对一些缺乏创新的企业，这些建议实际上没有任何用处。这些企业的员工不够勇敢和执着，天天喊着创新、创新，最需要的时候却没有做到，需要很好地反省。

互联网的发展必须和传统客服业相结合。我们希望可以在更多的地方看到现实的客户服务点而不仅仅在互联网上。用代理的方式增加客户服务点是有效的做法。

这位客户的心声代表了广大客户的心声，客户的建议是企业的生命，是客户的需求所在，尽量地为客户提供最大的方便，为客户提供最大限度的方便同样是企业可以考虑的一种超值服务的形式，如送货上门。

事实上，很多公司都是靠向客户提供便捷附加服务而获得成功的。另外，便捷附加服务的一个非常明显的积极作用体现在产品出现问题的时候、当购买的商品出现问题时，客户会向企业反映，很多商家一般都是说："把它送回来，我们给你换一个。"这实际上是在给客户增添麻烦，也必将招致客户的抱怨，导致客户的忠诚度下降。

在这方面做得较好的是丰田汽车公司。丰田汽车公司在处理客户投诉问题时，通常会先给客户打一个电话，约定取车的时间，在收回客户出问题的车时，还会留下一辆相同型号的车供客户使用，有时他们甚至还会在这辆车的座位上留下一枝玫瑰花或者小卡片，以表达他们给客户带来麻烦的歉意。结果怎么样呢？客户喜欢这家带给他们超值附加服务的公司。丰田汽车公司的一名经理称其为“吸引客户的重大转折点”。

另外，我们还可以看到有些企业，为了客户能够方便换机油，开着配有特别装备的大篷车到客户的家中或工作地点为客户换机油，他们还利用计算机对客户的汽车进行跟踪，以及时了解客户什么时候又该换机油了，并且为客户修理汽车。当然，他们所做的这一切都是以不给客户添麻烦为前提的。

3. 创建服务标准，让服务更出色

企业经营的不二法门就是想方设法让客户满意。为什么呢？因为客户是付钱的人，客户满意是生意兴隆的关键。相信大家都不会反对这个观点，但是很少人知道真正让客户满意的是什么。

怎样才能让客户满意，不是你坐在办公室里想，而是要去做问卷调查、市场调查。我问过很多商人、来上我课的学员：到底客户要的是什么？结果很多人告诉我，客户要的是价格低。没错，每个人买东西的时候，都喜欢价格低，价格越低他越满意，对吧？

大部分人是这样想的，我想你也不例外。但是如果我们为了要让客户满意而把价格压低，结果却让我们做生意失去了利润。做生意没有利润就是一种失败，做生意没有利润就没有意义，做生意没有利润就不如不做，这是企业经营中一个非常大的矛盾点。商人如果没有利润等于失败，而客户又要价格低才会满意。那么我们想要让客户满意，又不想让价格变低，怎么办？答案是服务，用服务来作为一个平衡器。客户满意要价格低，我们做生意没利润等于失败，这两者矛盾中间的平衡器叫作服务。

美国珀杜农场是一家专门为社会提供各种农副产品的大型农场。该农场的主人弗兰克对农场的形象十分重视，把塑造和维护良好的形象当作争取顾客的基本公关策略。为此，他在经营中把着眼点始终放在为顾客提供优质的产品和良好的服务上。

一次，一位顾客在一家零售店买回一只珀杜农场生产的袋装鸡。回家后，发现这只鸡已经变味了。于是，他把这只鸡送回了那家零售店。该店的服务员二话没说，立即给他退了钱。后来，这位顾客决定给弗兰克写封信，把这件事告诉他。没过几天，这位顾客就收到了弗兰克的回信，信中一再向这位顾客表示歉意，并附有一张免费购鸡券。最后，弗兰克真诚地表示，希望这位顾客多多帮助，使该农场及附属零售商店，永远杜绝类似事情的发生。

自此以后，这位顾客除了珀杜农场的鸡，再也不买别的农场的鸡了。同时，他还把自己的经历写成一篇短文，在报纸上发表了，这对提高珀杜农场的形象和知名度起了积极的作用，并无形中又为珀杜农场赢得了众多的消费者，从而使珀杜农场的产品一直保持较高的市场占有率。

珀杜农场是运用企业形象优势获得经营成功的典型。珀杜农场的场主弗兰克重视企业形象与信誉，绝非是一种促进产品销售的“雕虫小技”，而是一种同农场命运攸关的企业公关基本策略，它体现在珀杜农场经营活动的各种细微之处。当珀杜农场的这种良好形象在顾客的心目中稳固地生存时，它便成为一种强力黏合剂，把珀杜农场和它的顾客永久地黏在了一起。

提供贴心服务，塑造良好形象。在企业竞争十分激烈的今天，必须营造轻松、愉悦的氛围，塑造企业精品意识，追求的服务必须是规范、个性、超值，甚至是令客户备受感动的服务，以满足多层次、多方面、多变化的服务要求。

创建标准化服务，让服务更出众，优质的服务主要体现在以下几个方面：

（1）微笑、问候、礼貌

每一位客户在踏入你家大门时，都希望见到服务人员亲切的微笑，热情、真诚的问候，彬彬有礼的举止，这是企业留给客户的第一印象，也是客户得到尊重的第一感受和情感需求。

（2）高效、规范、准确

在一些服务行业，比如酒店餐饮，无论是前台登记入住，还是餐厅用餐、客房服务，过久地让客户等待，都会使企业的服务大打折扣，甚至招致客户投诉。99%的客户都希望入住的企业提供快捷、规范、精确的服务。

（3）尊敬、关心、体贴

日本的服务业把对客户的尊敬、关爱、体贴放在了首位，并贯穿于整个服务之中。见到客户时，亲切的问候、甜美的微笑、90度的鞠躬、跪式服务、礼让服务等，处处体现出把客户当成上帝、亲朋来予以尊敬、关心、体贴。在这一点上，国内企业可以向日本企业学习。

尊重、关心、体贴是企业留住老客户，吸引新客户，提高服务质量，与客户建立朋友、亲人般关系的基础，是服务行业经营管理的生命。

（4）诚实、守信、忠诚

企业的服务人员不但要尊重、关心客户，还要忠诚于企业，忠诚于自己从事的服务事业，更要忠诚于客户，要诚实可靠，守时履约，诚信待客。

（5）安全、舒适、方便

客户对企业的最基本需求，可以说就是对安全的需求。客户需要企业提供一个良好安全的环境，包括人身和财产安全、设备设施的使用安全、食品卫生安全、电话网络的安全，都必须得到保障。没有安全感的企业，即使有再豪华的摆设，再优惠的价格，再优良的服务，也不会获得客户的青睐。

（6）特色、文化、创新

客户对企业更高层次的需求是希望企业有特色、有文化，经营服务有创新。比如成都的西藏酒店，中外客户入住后都给予了高度评价。原因在于该企业从外观造型到内部装饰都突出体现了西洋文化与藏式文化、现代文明与古老文明的有机结合。

（7）绿色、环保、洁净

绿色、环保、洁净是客户对任何一家商场、店铺、宾馆、酒店等提出的基本要求。如果企业连客户的这点需求都不能满足，培养忠诚客户只能是一句空话。

二、 迈向卓越的营销三步法

约翰尼是一家连锁超市的打包员，他利用自己所学的计算机知识设计了一个程序，他把自己寻找的“每日一得”都输入计算机，再打上好多份，在每一份背面都签上自己的名字。第二天他给顾客打包时，就把那些写着温馨有趣或发人深思的“每日一得”纸条打到买主的购物包中。

一个月之后，连锁店里发生了一种奇怪的现象：无论在什么时间，约翰尼的结账台前排队的人总要比其他结账台多出好多倍。值班经理很不理解，就大声对顾客说：“大家多排几队，请不要都挤在一个地方。”可是没有人听他的话，顾客们说：“我们都排约翰尼的队，因为我们想要他的‘每日一得’。”

有些销售员经常为推销不出自己而烦恼，总认为自己很努力，但推销效果甚微。打包员推销的成功给了我们启示：既要时刻为顾客创造快乐，又要与众不同。

只要你做到如下 3 步，不愁业绩没有提升。

1. 实施规范化服务

规范化服务对于销售业绩的提升有着非常重要的作用。销售或服务人员不单单要为客户提供服务，更要为他们提供高档次的服务。不仅是要满足客户的最基本需求，还要让客户感觉享受，就是强调尊重并理解客户的情感，满足客户的心理需求。

在社会和技术日趋进步的今天，企业不但要以最快的速度推出客户所需要的服务，也要尽快挖掘出客户的潜在需求并开创出相应的服务以吸引和保留更多的客户。

美国销售学家维特曾说过，未来竞争的关键不在于企业能生产什么，而在于商品能提供多少附加值。由于社会信息的畅通和市场运作的规范，各个企业在商品、价格、渠道和促销等方面相互模仿与借鉴，竞争空间日益狭小。同时，随着消费者消费意识的觉醒与消费知识的丰富，商品市场的不断完善与成熟，企业要想赢得长久的竞争优势，就需要更新原有的销售观念，向更高层次迈进。这种全新的经营理念就是为目标客户提供规范化的服务。

当然，服务不仅仅是指企业制造出商品价值和提供服务附加值，更重要的是要创造符合客户价值评判，超出客户期望值的服务，要主动以爱心、诚心、耐心给予客户更多的人性化的关怀，与客户建立起友好的亲情关系，增强客户对企业的信赖感，达到不为其他企业所动的程度。

如今是以服务取胜的年代，让客户满意是这个时代企业活动的基本准则。服务甚至可以说是企业的形象工程。作为一名出色的服务人员，你的服务首先就要“超越销售”，不断外延商品的附加值，主动增加服务功能与品种，提供快速便捷的服务，随时做好准备提供各种意想不到的服务和某些特殊服务。其次，要加强对客户的“消费沟通”，向客户提供知识化、信息化的服务。最后，要提供“温馨服务”，以情感化、人性化的销售行为培育客户，让客户时刻感受到实实在在的真诚服务。

具体来讲，一个卓越的营销人员要能做到以下几点：

（1）重视客户

不论是何种服务企业，重视客户都是非常重要的。拥有忠实的客户群，是一家企业成功的必要因素。而作为营销人员，就更需要重视任何一位客户，让客户享受到满意的服务。

（2）确立超值服务的理念

营销人员应该掌握超值服务的理念，以指导自己的服务实践，为客户带来超值享受，确保客户的忠诚度。

（3）耐心细致，和蔼可亲

营销人员在提供服务时应该让客户感觉到你是真心为他服务，而不是敷衍塞责。这就要求营销人员在提供服务时，态度一定要好，对客户提出的问题要及时、耐心地解答。良好的沟通是为客户提供良好服务的关键。当客户致电投诉或反映问题时，是希望得到重视，得到帮助。我们要设身处地为客户设想，体会客户的感受。

（4）细心观察，捕捉客户的超值服务点

通过细心观察了解客户真正关心的问题、困难，然后给客户提供帮助，这是赢得客户忠诚最好的办法。服务一定是在自己力所能及的范围内进行，切忌不切实际的承诺或盲目的行动。

（5）做好微笑服务

微笑不是一张职业化的笑脸，而是微笑者积极的人生态度的表现，是他们充盈的内心世界，真实、自然地流露。

要相信微笑的力量。微笑往往会给人乐观向上、自信的印象，容易让人产生信任感。因此在微笑之前，你需要相信微笑有一种感染人的积极力量，自信的微笑更能打动人。

据说，美国旅馆业巨头、人称“旅店帝王”的希尔顿先生在默默无闻的时候，他的母亲就告诉他，必须找到一种简单易行、不花本钱但长久的办法去吸引客户，才能取得成功。希尔顿最后找到了这个办法，那就是微笑。依靠“今天你微笑了吗”的座右铭，他成了富有的人。

2. 提供个性化服务

个性化服务是指企业提供有自己个性和特色的服务项目，即以客户需要为中心，提供各种有针对性的差异化服务及超常规的特殊服务，以便让接受服务的客户有一种自豪感和满足感，并赢得他们的忠诚。

个性化服务不但强调满足客户的个性需求，即在全面考虑客户不同个性与需求的基础上，有针对性地设计与提供产品，同时强调表现服务人员的个性，因为客户个性需要的满足依赖于服务人员的个性化表现。

个性化服务要真正体现在企业日常的管理和服务之中，而不是只表现在某一个具体的项目、一个规章制度或者一个口号上。企业要建立准确完整的客户档案、加强员工的培训、巩固各部门的沟通协助、不断完善硬件设施。这些都是企业经营所必须具备的。员工要熟悉企业规范化程序和各岗位操作规程，了解相关业务知识，善于理解客户的真实需求，注重细节。

2013 年的夏天，仿照在澳大利亚的营销动作，可口可乐在中国推出可口可乐昵称瓶，昵称瓶在每瓶可口可乐瓶子上都写着“分享这瓶可口可乐，与你的×××”。

这些昵称有白富美、天然呆、高富帅、邻家女孩、纯爷们、有为青年、文艺青年、小萝莉，等等。这种昵称瓶迎合了中国的网络文化，是广大网民喜闻乐见的形式，于是，几乎所有喜欢可口可乐的人都开始去寻找专属于自己的可乐。

可口可乐昵称瓶的成功，显示了线上线下整合营销的成功。品牌在社交媒体上传播，网友在线下参与购买属于自己昵称的可乐，然后再到社交媒体上讨论，这一连贯过程使得品牌实现了立体式传播。

当然，作为一个获得了2013年艾菲奖全场大奖的创意，可口可乐昵称瓶更重要的意义在于，它证明了在品牌传播中，社交媒体不只是Campaign（标识策略）的配合者，也可以成为Campaign的核心。

玩转个性定制的“可口可乐”，以其独具特色的个性服务，确实可以让企业在激烈的竞争中脱颖而出。

3. 打造情感化服务

人们在消费之前对产品或服务有一定的想法和要求，这就是期望值。顾客将期望和实际情况比较后，如果期望值小于实际值，顾客就会感到惊喜满意；如果实际值远远大于期望值，顾客就会非常惊喜。

我有一位朋友小刘，在广州的一家外企工作。由于要到北京洽谈业务，小刘被派遣到北京工作一个星期。小刘下飞机后住进了君悦来酒店。君悦来酒店向来以周到的服务而备受顾客好评。

入住的这几天里，小刘也感到非常满意。由于工作太多，小刘已忙得透不过气来，于是把心思全放在了工作的事情上，甚至忘记了第二天就是自己的25岁生日。

这天晚上，小刘在外忙碌了一整天后，拖着疲惫的身体回到酒店。她还没吃晚餐，于是回到房间后立即打电话到客房部点餐。谁知，早在小刘入住的当天，细心的前台服务人员已在入住登记时注意了小刘的生日日期，并立刻联系好客房部与餐饮部的同事，分工合作，共同安排为小刘庆祝生日的有关事情，准备给小刘一个意外的惊喜。在接到小刘的电话点餐后，服务人员马上把早已准备好的礼物和贺卡摆放在布置精美的餐车上，并随同小刘所要的食物一并送往客房。

没过多久，送餐的服务人员前来敲门。小刘打开门，所看到的情景令她惊喜万分。只见服务人员推着一辆铺有漂亮的淡紫色花布的餐车进门。车上摆放着一束娇艳欲滴的鲜花，还有一个精美的生日蛋糕，蛋糕上的卡通人物非常可爱。生日蜡烛正在燃烧，整个房间都充满了温馨的气氛。这一切都来得十分突然，还没等小刘回过神来，服务人员已把贺卡递给了她，并微笑着致意："祝您生日快乐！"

这时，小刘才恍然醒悟，今天是自己的25岁生日。她激动地对服务人员说："真的很感谢你们为我所准备的这一切，我实在太高兴啦！因为工作太忙，我连自己的生日都给忘记了，但是你们却为我安排得这样细心和周到！谢谢！"

服务人员回答道："知道您喜欢我们为您所做的安排，那实在是太好啦!"

一个星期的繁忙工作终于结束了，小刘就要返回广州了。在离开酒店的时候，小刘对前台服务人员说："再次感谢你们给了我一个难忘的生日。以后有机会，我一定会再来的。"

前台服务人员微笑着回答："欢迎您再次光临!"

君悦来酒店服务员通过情感化服务，赢得了客户小刘的满意度和忠诚度！这是营销人员应该学习的。

三、 六个关键点实现感动营销核心价值

许多企业知道感动营销的效果后，开始付诸行动，它们通过各种方式营造着感动营销的氛围。比如，英国某个建筑公司发给上海某个企业的信，信中说他们80 年前承建的建筑已经到了老化期，提醒现在的产权单位维护的注意事项。这无疑是一次成功的感动营销。

1. 形象美化印象，撬开感动心门

服务形象是企业在提供服务过程中，给客户留下的整体印象中重要的一部分。服务形象属于一种软性或无形的东西，它是由企业给客户提供的无形利益，贯穿于企业服务的整个过程。一个企业要想抢占市场，必须为顾客提供良好的服务。未来的竞争，就是服务的竞争，服务的因素甚至超过价格因素。

营销人员的服务方式、服务功能、服务态度、服务质量等给顾客留下

的印象极为深刻，如服务人员笑容可掬，彬彬有礼，技艺娴熟，服务周到，会在顾客心中留下极佳的品牌形象，从而提高品牌的美誉度和信誉度，吸引更多的回头客。

服务形象是企业的活力所在。顾客在明净的店堂内，身处温馨的环境中，面对服务人员亲切微笑和耐心服务，会产生一种宾至如归的感觉。此时的服务人员可以给予顾客如同朋友一般的亲切感。这种以情感为纽带的温馨服务方式，是企业必备的服务形象特色。

有些人会有疑问，服务注重的是内容和效果，服务形象还能有什么用处呢?

如果我们把顾客当成观众，把企业当成舞台，把企业的员工当成演员的话，外在形象无疑就是演员的服装和化妆，并且会对演出效果产生重要影响。而事实上，对于顾客而言，企业真的就是一个舞台，员工就是在这个舞台上表演的演员，只不过和真正的舞台相比，员工这里上演的是服务表演罢了。

企业营销人员的服装形象、仪表形象、肢体形象和语言形象共同组成了店铺的服务形象。

（1）角色识别的作用

试想一下，如果在企业里，营销人员和顾客的穿着打扮一个样子，顾客想找到身边的营销人员，难道需要大声喊叫和打听吗？相反，如果这里的营销人员都穿着制服，而且把不同职责的员工塑造出不同的形象，顾客便能一眼看出该找谁服务。

（2）环境营造作用

营销人员的外在形象也是整个企业环境的一个组成部分，身着整齐统一的工作装，一样的打扮，一样的气质，本身就是一道赏心悦目的美景，可以给顾客愉快的感受。

（3）职责提醒作用

营销人员身着统一的制服，有利于提醒自己，作为一名工作人员，应该切实履行自己的工作职责，肩负起为顾客服务的工作使命。身为一名企业服务人员，在身着工作制服的时候，就会自觉地履行自己的服务职责。

（4）增强自信作用

良好的外在形象能起到增强自信的作用，我们常常会有这样的体验，当你把自己打扮得很好的时候，走起路来都显得更精神，遇到别人时就会更自信些。为了增加自信，人们常常在一些重要场合穿上自己最好的衣服。良好的外在形象之所以具有增强自信的功能，原因在于良好的外在形象能使别人对你产生好感，别人对你欣赏的眼光反馈到你这里，就能产生被欣赏所带来的自信心的增加。

由于营销人员统一形象具有上述重要作用，因此，很多服务型企业都高度重视员工的形象问题，不惜投入很大的精力和财力为员工设计、制作漂亮合体的制服，有的还请专业礼仪老师对自己的员工进行专业化的形象礼仪培训，以期塑造企业的专业化美好形象，因为塑造最好的员工服装形象，是塑造服务形象最直观、最有效的方法。

2. 训练改善行为，增加感动资本

训练改善行为，下面谈谈服务人员的职业化训练的问题。

当我们搭乘民航班机的时候，飞机上空姐整洁靓丽的形象、亲切甜美的笑容、规范礼貌的举止，无时无刻不让顾客感觉如沐春风，温馨舒适。

当我们走进中国电信、中国移动、招商银行等的服务厅时，客服人员会主动走过来，热情地询问你，告诉你在号码机上拿号，引导你在等候区休息等待；当你走到柜台前，服务人员会微笑着站起来，请你坐下，整个服务过程中你会感觉心情愉悦。

另外还有客服电话，如今客服电话延伸的领域是越来越广，当我们拨通电话后，话务员温柔、甜美的声音会在耳边响起："您好，我是……很高兴为您服务"，对于我们咨询的各类问题都能够给予耐心解答，投诉在这里也可以得到满意的答复。通话结束前，话务员还会咨询我们是否需要其他帮助，并对我们的来电表示感谢。

其实，营销人员的职业化训练不仅仅靠讲授知识，还包括了形体训练、礼仪训练、场景训练，等等。通过各种方式的训练，让营销人员树立为顾客服务的意愿，规范自己的言行举止，掌握看、听、笑、说、动的专业服务技巧，学会平息顾客不满，并学会自我调节、释放压力。有时候，在服务人员每日上岗前进行 15 分钟的礼仪训练，效果会事半功倍。

现代社会，公司的产品、技术、营销等都是很容易被竞争对手模仿的，服务才是产生差异的主要手段，而服务策略、服务形式也是很容易被模仿的，只有服务中人的因素——代表公司形象和服务意识的每个员工所表现出来的思想、行为和意识才是不可模仿的。

营销人员的职业化训练已经日益成为各行业员工培训的重点内容。服务性行业更应该在提高服务人员的职业化素质方面下工夫。

3. 把握关键时刻，提升沟通效率

在营销过程中，当客户听完营销人员的介绍后，都会在表情上或行动上表现出一些是否购买的信号，即成交信号。营销人员要学会察言观色，把握关键时刻，提升沟通效率，识别出客户的成交信号，促使客户达成交易。

所谓成交信号，就是客户在与营销人员洽谈过程中，在语言、表情、行为等方面有意无意流露出来的打算购买产品的暗示或提示。业内人员戏称这是客户暗送给自己的“秋波”。在与客户洽谈的最后阶段，营销人员应密切关注并积极捕捉客户的“秋波”，抓住稍纵即逝的机会，勇敢地向客户提出成交建议，达成交易。

小陈是某电脑配件的营销人员，他非常勤奋，沟通能力也很好。不久前，公司研发出了一种新型的配件，比以前的配件有很多性能上的优势，价格也不高。小陈立刻联系了他的老客户，这些老客户们都对该配件产生了浓厚的兴趣。

正好有一家公司需要购进一批这种配件，采购部王经理对小陈表现得十分热情，反复向小陈咨询相关情况。小陈详细、耐心地向他解答，对方频频点头。双方聊了两个多小时，十分愉快。小陈根据自己的经验，从对方的行为、语言和表情看到了买家已经准备成交了，便全力推动，果断提出让王经理购买这批配件的要求，王经理欣然同意，小陈成功地签下了一个大订单。

客户的“秋波”有的是有意表示的，有的则是无意流露出的，经过仔细分析总结，把客户的“秋波”分为以下几种：

（1）语言信号

语言信号是营销人员在与客户的交谈中发现的客户某些语言所流露出

来的成交信号，这种信号可以从客户的询问及措辞中觉察到，如客户通过询问价格、使用方法、使用注意事项、售后服务、交货期、交货手续、支付方式、新旧产品比较、竞争对手的产品市场评价等，或者客户直接说出“喜欢”和“的确能解决我这个困扰”等，都是客户想要购买的信号。

具体来讲，属于成交的语言信号有：肯定或赞同产品，对产品表示欣赏；征求别人的意见或者看法；向销售人员请教产品的详细情况，如产品性能、使用方法、注意事项和零配件的供应问题等；提出购买细节问题，如交易方式、交货时间和付款条件；询问价格折扣问题，开始讨价还价，如询问团购是否可以优惠，或者声称认识商家的某某人，或是某某熟人介绍的能否优惠；对产品的一些小问题，如包装、颜色、规格等提出修改意见与要求；询问售后服务问题，了解产品的售后服务事项，如安装、维修、退换等；重复问已经问过的问题；用假定的口吻与语气谈及购买，如问“要是……”的问题。

总之，客户的语言信号有很多种，有表示欣赏的，有表示询问的，也有表示反对意见的，营销人员要善于捕捉和诱发这些语言信号，以促成交易的顺利完成。

（2）行为信号

行为信号是客户在与营销人员洽谈过程中，通过某些细微的动作、行为所流露出来的成交信号。一旦客户在心里决定要购买产品时，便会做出与听营销人员介绍产品时完全不同的动作，当有以下行为信号发生的时候，营销人员要立即抓住良机，勇敢、果断地去试探、引导客户签单。

客户的行为信号包括：由远到近，多角度观察产品，反复阅读文件和说明书；身体前倾并靠近销售人员及产品，或身体后仰，或擦脸拢发，或做其他舒展动作；亲手操作产品，仔细端详或触摸产品、翻动产品；出现找笔、摸口袋、靠近订单、拿订单看等行为；突然沉默或沉思，眼神和表情变得严肃，或表示好感，或笑容满面；突然变得热情起来。

举例来说，客户欲购买一台冰箱，在听完营销人员的展示介绍后，会不自觉地去走近观看、抚摸产品，详细查看商品的说明书等；或者当客户在产品前流连忘返，来回看过几次。这些行为已经明确地告诉销售人员其购买意向，销售人员应抓住时机，及时促成交易。

（3）表情信号

表情信号是在销售洽谈过程中，客户在面部表情上表现出来的成交信号。表情是一种无声的语言，它能够表现客户的心情与感受。如客户在聆听营销人员介绍产品时，表情专注如一，不断点头，或者面带微笑，兴高采烈等。这些表情信号说明客户认同或接纳你的建议，应抓住时机，及时提出成交。

客户的表情信号一般有以下几种：下意识地频频点头或眨眼睛；表现出感兴趣的神情，眼睛转动加快，变得神采奕奕；眉毛上扬，腮部放松，情绪逐渐变得明朗轻松；表情由冷漠、怀疑、深沉变为自然、大方、随和；原先造作的微笑变为自然的微笑；顾客由咬牙沉腮变成表情明朗、放松、活泼、友好等。

（4）进程信号

进程信号是营销人员向客户推销产品时，随着形势的发展和变化表现出来的成交信号。

一般来说，进程信号主要表现在以下几种情况：客户要求看销售合同书；客户接受营销人员的重复约见或主动提出会面时间；主动向营销人员介绍企业的有关负责人或高级决策人。

以上是营销过程中常见的客户成交信号，但不同行业、不同客户、不同产品，客户表现出来的成交信号也不同，需要营销人员在实践中不断总结、不断揣摩、不断提升，把握成交时机，及时并且成功地促成交易。

4. 专业打造标准，情感引发忠诚

在大多数情况之下，专业打造标准。

许多市场营销人士把成功看作是大量细小而高超的努力的总体结果。他们认为可以同时选择并实施多种战略，而且只要投入足够的努力，便可以取得成功。但历史的经验告诉我们，在市场营销中，起作用的是单一策略，而不是很多策略的拼凑。而且，在任何既定条件下，只有特定的某一种行动可以产生实质性的效果。

成功的战争都是寻找到敌军最意想不到的地方，给予对方致命的一击。在第二次世界大战中，盟军选择登陆及向德军反攻的地点是诺曼底。然后盟军就将兵力集中在这个登陆口，所有的兵力在一个点上攻击，尽力攻击。最后，从那一个地方拿下战争的胜利。

攻打敌人需要集中兵力，市场营销中同样如此。大多数情况下，你的竞争对手只有一个容易攻破的薄弱环节，正是这个环节，应该成为你全力攻击的焦点。来看下面这几个例子：

一说到感冒药，人们自然会想到康泰克，但是，白天服用康泰克，会让人想打瞌睡。其竞争对手看到了康泰克这一薄弱环节，于是就生产出了另一种感冒药——白加黑。白加黑的广告语是："白天吃白片，不会打瞌睡；晚上吃黑片，睡得更香。"白加黑完全朝竞争对手一个点——吃了会打瞌睡致命弱点打击，它并不需要很多策略，很多招，结果却打赢了。

哈根达斯，世界上最贵的冰淇淋，它们只打一点，它们是世界上最豪华、最奢侈、最贵的冰淇淋，吃一小球一百多元，全球都只做这个模式，它们并没有很多策略，它们一个策略做到底。

和其正的营销战略也是这样的，其提出的做人要大气的这个诉求点，就是完全朝着王老吉是小瓶装的给予攻击，结果和其正这一招大瓶装的策略填补这一市场空白。

事实说明，每个品牌都会存在最薄弱的某个环节。战胜竞争对手最好的办法就是找到这个环节，并集中资源，对其发出重重一击。行销战场跟军事战场是一模一样的，要出其不意，攻其不备，在敌人脆弱的地方给予打击。

那些纯粹以赚钱为目的的创业者，最容易被诱惑吸引，因为他们的目的就是赚钱，所以当发现身边有更赚钱的项目时，必然会立即扑上去。其实，从长远来看，每个行业都有赚钱的公司，也都有亏损的公司。那些赚钱的公司之所以效益很高，不是因为他们所在的行业比别的行业更好，而是因为他们已经在这个行业做了很多年，在这个行业已经拥有了一定的竞争优势。

牙膏在很多人眼里，算是一个普通的行业，但是高露洁公司就是坚持卖牙膏，卖出了一家具有200多年历史的跨国公司。

> 早在19世纪初，高露洁公司就推出了世界上第一支牙膏。200多年来，高露洁不被其他的任何商机所吸引，就是坚持卖牙膏。可以说，能够一直坚持专业化，是它取得成功的一个关键因素。
>
> 随着市场的变化，高露洁公司也不断推出新产品，但它都是在坚持做好一个产品后才做另一个产品。在中国市场上，高露洁牙膏已经成为了消费者最愿意选择的品牌之一。

为什么一个具有200多年历史的企业，而且只是卖牙膏，能一直卖到现在，还如此充满活力？原因就在于高露洁的专注与坚持。高露洁公司的中国区总裁曾说过："其实开拓并不是最难的，比如想多做一些产品，会有很多人赞成，因为会有更多的机会产生。但是，选择不做更需要有成熟理智的心态。我们有很多很好的产品都在办公室里放着，比如宠物食品、家居用品。但是，经过我们调查分析，很多领域的竞争已经很激烈，我们这时进入并不一定能获得高额的回报。"

5. 文化建造灵魂，团队营造氛围

对很多人来说，企业文化是一个极虚的概念，是一个看不见、摸不着的东西。

但实际情况却是，企业文化并不像一些人所想的那样只是"门面"，它实际上对企业的发展起着至关重要的作用。据兰德、麦肯锡等国际管理咨询公司的研究发现，凡业绩辉煌的企业，企业文化的作用都十分明显，可以说，优秀的企业文化是那些世界五百强公司得以成功的基石。

但是，企业文化要想成为公司发展壮大的基石，就必须务实，而不能务虚。因为公司能不能做强做大，不是喊出来的，而是实实在在干出来的。

巨人集团早期的企业文化就很务虚，喜欢谈愿景，谈长远目标，一谈企业文化就是要做中国的IBM（国际商业机器公司），要做中国的蓝色巨人。后来在摔了大跟头之后，史玉柱开始总结原来的公司文化有哪些问题，这才慢慢变得务实起来。现在的史玉柱，很少再谈十年、二十年之后会怎样，更多的是谈明年会怎样。最多，也就是谈未来三年的目标。

事实上，创业早期的史玉柱，没有认识到企业文化的重要性。直到摔了跟头进行了痛彻心扉的反思，他才意识到巨人集团当初的跌倒，企业文化不务实是一个很大的原因。

针对巨人集团的失败，史玉柱总结出关于企业文化的失误的一点，由此可见企业文化对企业发展的重要性。

其实，直到现在，仍有许多企业仅仅是把企业文化视作点缀之物，而没有将其提升到足够的高度，使其与企业自身的长期发展和战略结合起来。

企业文化实际上是一个内涵很广的概念。往大了说，它包括公司的愿景、使命、价值观等属于理念的内容；往具体了说，它还包括公司的规章制度，行为规范以及工作理念，等等。

要想让企业文化与企业自身的发展结合起来，就必须重视它具体的一面。实际上，在具体层面上，任何一家企业的企业文化都不是凭空想象出来的，不是想出一个响亮的口号就可以的，而是员工在长期的工作中潜移默化形成的一种氛围。

举例来说，如果一家公司从创立之初就维持一种宽松、无压力的工作氛围，那么这家公司要想建立一种艰苦奋斗的企业文化，就会非常困难，因为大家已经适应了无压力的工作氛围。反之，如果一家公司从一开始就强调艰苦奋斗、拼搏进取，那么如果这家公司把努力拼搏作为企业文化的一个内涵，就很容易被员工接受。

企业文化从来都不是点缀，而是对企业的发展产生着实实在在的影响。对营销类企业来说，建立务实的企业文化，关键是针对企业可能存在的制度上无法解决的问题，专门去制定一些文化和口号，不要高调，适用就好。

中国的传统文化认同“没有功劳，也有苦劳”的观点，史玉柱反其道而行之，明确提出“只认功劳，不认苦劳”，并将其作为企业文化灌输到每个员工的大脑里，时间久了，大家发现公司确实是以功劳评价业绩，就不会再偷奸耍滑，工作也不会浮于表面了，这样一来，企业的效率就会有很大的提高。

喜欢拍胸脯、说大话，承诺一些自己根本做不到的事情，是一些中国人的陋习。如果这种陋习进入到企业里面，那么无论是下级对上级说大话，还是上级对下级说大话，都会让企业内部出现不信任的氛围。当上下级之间互不信任的时候，公司的战略计划要想得到贯彻执行，就不是那么容易了。反之，如果企业形成了一种“做不到不要说，说了一定要做到”的企业文化，那么下级每次跟上级拍胸脯承诺下个月一定完成销售任务时，就会非常慎重。这种氛围一旦建立，再加上合理的考核制度，员工的战斗力就会变得很强。

6. 领袖鼓舞激情，机制实现平衡

要构建一支充满战斗力的销售团队，带头人要充满激情才行。每个员工心中都有一个英雄情结，带头人的作用就是通过自己的言行点燃他们的激情。

早在阿里巴巴成立之前，马云曾四处推销他的中国黄页，那是他的第二次创业内容。一个中央电视台的纪录片显示，在向客户推销中国黄页时，哪怕对方是傲慢的官方机构负责人，马云仍然是一副自信满满的样子——虽然他会表现出一副谦卑的姿态，但他说出来的话却一点都不谦卑：我可以建立一个中国最大的信息库、信息源。

被客户拒绝以后，情绪低落的马云坐在回去的公交车里，看着华灯初上的北京城，又说出了一番信心满满的话：“再过几年，北京就不会这样对我；再过几年，你们都得知道我是干什么的，我在北京也不会这么落魄。”

我们在马云受到挫折时说出的这些话里，看不到马云的灰心和沮丧，而只感受到了一种永不服输的精神和无与伦比的斗志。在马云内心深处，他就从没想过自己会失败，也从没想过自己想做的事会做不成。或许，正是这种相信自己一定会成功的心态，让马云的口才显得更加有说服力和吸引力。

事实已经证明，今天，已经没有几个人不知道马云和他的阿里巴巴。

可以这样说，每一个成功的管理者都是充满激情的人，他们特别善于把自己的激情传递给属下，从而感召他们一起战斗。

一个能力强大的带头人，往往是极善于传达激情的人，通过他的激励，能将团队的潜能发挥出来，不仅是100%的发挥，甚至是成倍的超常发挥。

比尔·盖茨说过，激情能够激发120%的潜能。不管一个企业的文化到底是什么，要想提高效率，就得最大限度地激发每一个员工的潜能。而一个自身充满激情的管理者，能够很好地通过自己的言行传达给员工信心，让他们感觉到跟着自己干，不仅有美好的现在，还有美好的未来。这样，员工在工作中就能爆发最大的潜能，做事更有经验也更有活力。

当然，激情不是喊出来的，喊根本没有实际效果，员工也根本体验不到，必须有一个很好的机制和自由的环境做基础。比方说，管理者给他的属下限定一个圈子，并且告诉他，只要不绕过这个圈子，在这里面你怎么做都可以，任你自由自在发挥。这样一来，员工就有很大的积极性。管理者还要告诉员工，不管出现什么样的问题，自己就是他们最大的支持者。有了这样的保证，他们会更加兴奋地投入工作。

激情是有底线的，这个底线就是理性。一个充满激情的领导，要通过愿景和言行来激发员工，但是激情只是一个工具、一个过程、一个时刻，在激情时刻必须以理性的分析做基础。许多创业者都不缺乏激情，都能豪情满怀地制订计划，但是，只有少数人能够成功，就在于他们缺乏理性的基础。激情过头，会使员工的压力过大，从而使团队陷入沉闷的状态。

所以，做一个好的带头人首先要做一个充满激情的人，通过自身的激情推动整个团队前进。在这个过程中，领导者除了时刻保持一种激情状态之外，还要不断学习，经常反省。我们相信，一个人通过努力是能做到这一切的。

第七章　建立信任，和客户交朋友

在一个企业由小慢慢做大的过程中，传统企业选择的营销战略无非是这样的：打下一个根据地，然后以这个根据地为根本，向下一个根据地快速复制。很多情况下，商品的销售依靠的是人员性的渠道建设，并且审慎地使用广告手段。这个时间里面，很多小企业似乎是隐身的，它们发出一定的声音，但是很微弱。

而互联网思维的来袭让很多小企业似乎认识到了粉丝的魅力。小型的企业依靠互联网推销自己的产品，并且向顾客承诺自己产品的优质体验。它们会试图发展属于自己企业的爱好者，以此来维持自己的销售。在这个时间里面，很多小企业似乎一下变成了“大嗓门”，吆喝着自己的产品并且希望能够培养一群忠实顾客。

一、 与客户交朋友， 业绩无忧

我们周围充满了无数的销售机会，把握销售机会，关键在于人脉。只要把握得好，就可以让我们的销售量和影响力层层攀升。人性营销涉及的策略，包括精辟的销售攻心术、独到的销售谈判策略、独家的交易成功秘诀、扎实有效的销售技巧……教你发掘销售资源、打造销售黄金人脉、轻松化解各类销售危机。

1. 成功销售法则 =98% 人性 +2% 产品知识

人们总是做出他们所能做出的最好选择，当营销员学会尊重准客户的选择，了解每个人的成长背景都不一样，每个人的思考方式都不一样，他的人际关系就可以更巩固，更有机会达到双赢的推销局面。

成功的销售是2%的专业知识加上98%的了解人性，而2%的专业知识是建立在100%的完全了解上。

营销是营销员与客户之间心对心、面对面的挑战。因此成功的推销员应该是人际关系专家。就像会游泳要通“水性”，打鱼要通“鱼性”，养鸟要通“鸟性”一样，与人打交道的营销员要熟悉“人性”。纵观古今中外，凡是能驾轻就熟地处理好人际关系，懂得说服别人的人，无不透彻地了解“人”。

世界上的人千差万别，性格、爱好、观点、行为、背景等各不相同，了解人绝不是件简单的事情，“世事洞明皆学问，人情练达即文章”。

推己及人，“己所不欲，勿施于人”。当有些问题不得其解时，设身处地把自己当作对方，想一想自己处在对方的地位、立场上是如何做的，往往就都豁然贯通了。

美国销售名家乔·甘道夫说：“我仍然坚持认为，不是商品知识，而是对人的了解才能造就一个有效率、成功的推销员。成千上万的教授们有各种各样的专业知识，但是如果他们要靠营销为生的话也许会饿死。”

中国有句古话："一诺千金。"销售人员在与客户沟通中要守信，说到一定要办到，这样才会赢得客户的信任，同样客户也才会遵守承诺。

有些营销人员为了获得订单，只要客户提出要求，认为差不多能做到就立即答应，结果会如何呢？结果是造成客户的投诉和抱怨，甚至永远失去这个客户。欲速则不达。

不仅承诺的事情要做到，还要诚实正直。要知道没有人愿意与虚伪的人长期合作。现在的信息很发达，客户可以通过多种渠道对供应商进行了解和考察，有时候客户会明知故问，用意就在于考察销售人员的作风，从中做出判断和选择。所以与客户打交道，还是实事求是的好！

对竞争对手的评价，最能折射出销售人员的素质和职业操守。遇到客户询问竞争对手时，销售人员最好保持客观公正的态度进行评价，不隐藏其优势，也不夸大其缺点，让客户从你的评价中感受到你的素质和修养。记住，贬低别人并不能抬高自己。

诚实、正直、信守承诺、实事求是、客观公正，这些闪亮的品质都会帮你在客户那里获得加分。当然有了这些还是远远不够的，还要充分地利用多种交流方式让客户和自己紧紧地黏合在一起。

2. 人脉，创造销售机遇

众所周知，要想成功必须具备两个条件，一个是专业上的竞争力，另一个是人脉竞争力。而你所取得的成就是一个两者相乘的关系。因此，我们往往会看到一个人专业上无敌，但不善于与人交际，结果做着与自己能力不相称的工作。若有人脉相助的话，这个人的竞争力将是不可限量的。

出生于非富即贵的家庭中是可遇而不可求的，大多数人都生于平凡之家，没有办法在站上起跑线的时候便能结识显贵、富豪，有的甚至极少能遇到与自己志趣相投，对自己未来事业有助益的朋友。那怎么办呢？

很多人就陷于整日的抱怨之中，为自己的不成功找一个借口。其实，无论你如何发泄都无法改变这个生而不平等的事实，但依然有机会让你扭转命运，就是创造你的人脉网络。

哈佛大学曾对贝尔实验室顶尖研究员作了调查，来确认人脉网络在一个人的成就中的重要性。调查发现，被大家认同的杰出人才，重点不在专业能力上，而是那些杰出人才会采用不同的人际策略。这些人会多花时间与那些在关键时刻可能有帮助的人培养良好的关系，在面临问题或危机时便更容易化险为夷。

联合国秘书长潘基文自小受着良好的教育，但在他20岁时家道中落，需要他挣钱补贴家用。这时他遇到了人生第一次重要选择，是去美国，还是去印度做外交官。潘基文自然是心里向往美国——“那个世界的中心”，能去见见世面也好，但考虑到消费水平高，很难攒下钱来，只好选择了发展中的印度。

潘基文到任后，并未因为印度不是心中所想的地方而失意，而是认真投入到了工作之中，很快便以自己的才气引起了韩国驻印度总领事卢信永的注意。卢信永发现这个小伙子谈吐不俗，心思缜密，办事沉稳，很多棘手的问题到了他手里都会迎刃而解。

潘基文也愿意向这个有极其丰富外交经验的领导取经，他也意识到卢信永将会对自己的外交生涯产生重大的影响，于是更加卖力气地四处奔波，把领事馆的各项事务打理得井井有条。后来，卢信永担任了韩国国务总理，他首先想到的是十几年前在印度一起共事过的那个小伙子，立即把他推荐到了总理府工作，后来更破格提拔他担任了总理礼宾秘书、理事官。潘基文的职务像坐了直升机一样，他最后如愿当上了联合国秘书长。

潘基文是有才华的，但如果没有卢信永这个伯乐，很可能就会被埋没。但我们也可以看到，潘基文受到重用的过程不是被动地等待着被发现，而是靠自己的实力，积极主动地去争取，创造出自己的人脉。

很多人都会有一个不服气的看法，就是一旦有人给我机会，我一定能大显身手，甚至做得更好。但遗憾的是，你就是得不到这个给你做出业绩的机会，可以说在起跑线上就输了。有些人虽然本事一般，但因为一次机会，便开始了自己事业接二连三的连锁反应。虽然比自己有才华有潜力的人比比皆是，但就是能够在众人羡慕、嫉妒的目光下节节高升。

道理很简单，就是有些人总是把时间用在苦练内功上，却不考虑“构筑人脉的方法”。等待机遇落到自己头上的想法，可能是源自中国传统思维里，低调、谦虚、被人发现得来的荣誉更尊贵，但这种谦虚在当今社会显然已经不适用了。

自然，每个人都或多或少地拥有自己的人脉，也有累积自己人脉的特有方式。总的来说，构筑人脉需要有一些基本的素养，比如自信、微笑，等等，这些在本书的很多章节都有详细的解读。其中积极主动是比较重要的，要想多多地创造人脉，就要多多地结识人。

在数学上有一个“大数法则”，讲的是假设你有一枚硬币，正面代表能够成为你的朋友，反面代表不能。当你随意投掷两次时，可能巧合占了很大比重，而当你投一百次以上时，成为朋友与不能成为朋友的概率接近50%，也就是说，你结识的人越多，也将会有越多的人成为你的朋友。这给予我们一个重要的人际交往启示：一定要广结人缘。

与其临渊羡鱼，不如从现在开始就去加强主动与人沟通的自信和愿望，如果总是怕被拒绝，而不愿意主动走出去与人交往，就根本谈不上什么构筑人脉了。

营销人员构建人脉网络，最常用的维系关系的方式有以下几种：

(1) 电话

打电话是与客户保持联系的最常用、最有效的方法。营销人员在工作中应多给客户一些时间，多打一个电话给客户，逐步加深客户对你的印象，进而建立互相信任的关系。在此过程中，营销人员还应根据客户的具体情况，灵活设计每次通话内容，要有耐心，切不可急功近利。

(2) 电子邮件

网络时代的来临，使得电子邮件成为既方便又快捷的重要沟通工具。通过群发电子邮件，可以与所有的客户保持一种比较密切的联系，节日问候、新产品介绍等都可以通过电子邮件来完成。另外，公司可以制作公司简讯，由营销人员定期向客户发送，通过这种形式，不让那些暂时没有需求的客户忘记自己。

通过电子邮件与客户保持接触要注意以下几点：征求客户的意见，在得到客户允许后再发电子邮件。慎重选择简讯内容。简讯内容很重要，最好是对客户有价值的信息，否则这些邮件就成了垃圾邮件，反而会损害客户关系。简讯制作要专业、醒目，这样，更容易吸引客户阅读其中的内容。电子邮件要体现出个性化。

当然，除了发送公司简讯外，销售人员还可根据客户的特点、兴趣点，通过电子邮件发送能够帮助客户或客户感兴趣的内容，甚至还可以在网上下载一些幽默笑话、重大新闻等，让客户在紧张的工作之余轻松一下。试想，当客户会心一笑的时候，能不关注是谁带给他快乐的吗？

（3）短信

短信问候也是一个比较好的与客户保持长期接触的方法，最常见的是节日问候和生日祝福等。

（4）在线聊天

网络的发展，使得在线聊天已经成为一个被普遍应用的交流方式。QQ（腾讯公司开发的一款基于网络的即时通信软件）等交流工具为销售人员与客户的沟通提供了便利性，而且也更容易让销售人员与客户成为朋友。所以，销售人员申请一个 QQ 号码是必要的。但是，网上聊天比较费时间，效率也低，销售人员应该把握一定的度。

（5）传真

传真在很早的时候用得较多，现在随着互联网的发展，传真正逐步被电子邮件所取代，但对于部分还不太习惯使用电子邮件的客户来讲，传真也是有效地跟进及建立联系的方式。

（6）信件和明信片

汽车销售冠军乔·吉拉德为了与自己的客户保持联系，每个月都会寄出15000张明信片。这样客户始终没有办法忘记他，即使自己暂时不更换汽车，也会主动介绍其他客户给他，这是乔·吉拉德成功的关键因素之一。作为销售人员，同样也可以采用这种方法与客户保持联系。

随着时代的发展，人们之间的联系方式与乔·吉拉德所处时代已很不一样，很多销售人员用电子邮件的方式代替明信片和手写信件，成本更低、效率更高。不过，传统的手写信件、明信片在销售中确实也有着不可估量的作用，毕竟现在人们收到信件的数量在大大降低，此时销售人员采用信件、明信片方式可以给客户与众不同的感觉。生活中营销人员可以采用手写信件、明信片、电子邮件搭配使用的方式。

（7）邮寄礼品

节假日来临的时候，通过短信或电子邮件向客户问候的方式已非常普遍。除此以外，在条件允许的情况下，营销人员最好能给客户寄些实用的礼品，这是实施情感销售的一个必要环节。

（8）微信

微信不存在距离的限制，用户注册微信后，可与周围同样注册的朋友形成一种联系，订阅自己所需的信息。商家通过提供用户需要的信息，推广自己的产品，从而实现点对点的营销。

微信已经成了当下最火热的互联网聊天工具，而且根据腾讯QQ的发展轨迹看，我们有理由相信，微信的用户量并不仅仅限于现在这个数量，发展空间仍然很广阔。

随着智能手机越来越普及，微信已经慢慢从高收入群体走向大众化，几年之后，或许会出现这样一个场景，中国智能手机软件市场上，微信拥有了绝对的市场占有率，就类似于如今电脑聊天工具中的 QQ 地位一样，无法撼动。

微信使信息交流的互动性更加突出，虽然前些年火热的博客营销也可以和粉丝互动，但是并不及时，除非你能天天守在电脑面前。而微信就不一样了，微信具有很强的互动、及时性，无论你在哪里，只要你带着手机，就能够很轻松地同你的未来客户进行很好的互动。

微信营销能够获取更加真实的客户群，博客的粉丝中存在着太多的无关粉丝，并不能够真实地为你带来几个客户，但是微信就不一样了，微信的用户一定是真实的、私密的、有价值的，也难怪有的媒体会这样比喻“微信 1 万个听众，相当于新浪微博的 100 万粉丝”，虽然有夸张成分，但有一定的依据性。

很多企业把微信当作移动微博，总是一味地向客户传达信息，而没有认真地关注客户的反馈。互动功能也只是在微信后台设置好一些快捷回复的方案，这种缺乏人性化的沟通方式，极大地损害了用户体验，就如同风靡一时的电子宠物无法长久流行的原因一样。当客户的咨询无法得到满意回复，他们唯一的选择就是取消关注。人工微信客服的核心优势，就在于实现了人与人的实时沟通，此时客户所面对的是一个个专业、服务质量优秀的客服人员，对于客户的咨询可以给出满意的回复。

二、多交朋友，把握客户特点

可以这样说，做营销的过程就是交朋友的过程。朋友做成了，营销就顺理成章地成交了。要想成就一番事业或迅速而稳定地壮大已有的事业，就必须善于编织人脉关系网，不管是互联网线上的各种圈子，还是线下的各种人脉网络。只有具备了广泛而严密的关系网，才能在关键时候找到替自己解决困难的最佳人选，否则，等到问题出现时，你便会像一只无头苍蝇般到处乱闯，不仅花费了更多的人力、物力，还不容易找到最得力的人。

1. 先交朋友，再做营销

卓越的营销者懂得结交如下的朋友为己所用：行业协会工作人员、商会工作人员、演讲会演唱会球赛的组织者、高档会所、注册公司工作人员、中介公司工作人员、同行、银行电信联通移动大客户、印刷厂工作人员、名片店工作人员、广告公司工作人员、装饰公司工作人员、房地产公司工作人员、培训公司工作人员等。想一想，什么时候不能营销？什么地点不能营销？答案是随时随地。没有这样的信念，你将损失很多的销售额，丢失大量的客户，错过更多成功的机会。

有一年，我到北京亚运村五洲大酒店参加世界上最伟大的汽车销售大师乔·吉拉德的演讲，记得当时我刚一迈进酒店，就有人上来跟我搭话："请问你有乔·吉拉德老师的名片吗？没有给你两张。"继续往前走刚到电梯口，又上来一个人说："请问你有乔·吉拉德老师的名片吗？"我说："已经有了。"没想到那个人说："还不够，再给你两张。"当我到会场门口时，又来了一个人，手里拿着一大摞名片，又问我有没有乔·吉拉德老师的名片，我说："已经有了。"那个人说：

“还不够，再给你两张。”我进到会场，刚刚坐下，又来了一个人问：“请问你有乔·吉拉德老师的名片吗?”我说：“已经有了。”那个人说：“还不够，再给你两张。”

当会议正式开始时，只见乔·吉拉德老师穿着一身西服，兴奋地跑上舞台对所有的观众说：“各位亲爱的朋友，手中有我的名片的朋友请举手?”会场几千人举了手。他接下来说，“有5张以上的请举手?”又有几千人举手。他又问，“有10张以上的请举手?”仍然有很多人举手。

这时乔·吉拉德说：“还不够，还不够!”只见他一下子打开西服，在西服里面口袋拿出好多的名片疯狂地撒向观众。甚至他把鞋都脱下来，从中拿出很多的名片，认真地摆在舞台上。

许久，他面对全场说：“你想知道我成为世界上最伟大的汽车销售大师的秘诀吗?”台下异口同声地说：“想!”他对观众大声地说：“那就是无成功的秘诀。”

据说，乔·吉拉德35岁之前贫困潦倒，当过卡车司机，卖过净水器，换了30多个工作，走投无路还当过小偷，有被警察局逮捕的记录。

最终改变命运的是去汽车卖场做销售员。

每天早晨起床，攥紧拳头，他不停地激励自己大声喊：“YES（是的）！YES！YES！我是第一名！我是第一名！我是第一名!”然后猛虎下山般冲出家门。在地铁、机场、火车站、公园、商场、饭店、球场、演唱会现场等所有人多的场所，他都微笑着跟每一个人说：“你好，很高兴认识你，我叫乔·吉拉德，我是卖雪佛兰汽车的，这是我的名片！”

乔·吉拉德坚信：可以在任何时间、任何地点，销售任何产品给任何人！

卓越的营销者之所以能取得良好的业绩，他们随时随地大量地结交朋友或通过客户转介绍，从中遴选准客户。更重要的是，他们拥有坚定的信念：可以在任何时间、任何地点，销售任何产品给任何人！

佛教有云：广结善缘。从某种程度可以理解为：要懂得在任何地方、任何时候，结识人脉，以使我们的事业因为得到贵人的帮助，而突飞猛进。在这个世界上，没有人会仅靠一己之力获得成功，必须主动出击，不放过任何与人结缘的机会。

2. 做销售，把握客户性格特点

德国哲学家莱布尼茨曾经说过：世界上没有完全相同的两片叶子。其实，何止是叶子，世界上任何事物都没有完全相同的。

人性营销注重对人的研究，营销人员应该准确分析客户的性格，了解客户的性格。要知道，了解客户的性格和了解自己的产品同样重要。对客户的性格了解，主要是通过沟通来实现的。

张先生是一位出了名的好好先生，他有三好：好说话、好办事、好为人。只要在原则范围内的事情，他都不会特别在乎，一旦别人有求于他，他总是满口答应。

一天，张先生去商场买鞋子，打算送给他的太太，因为再过几天就是张太太的生日了，他想给老婆一个惊喜。在此之前，张先生很少单独去买东西，一般都是张太太把这些事情处理好了，不用他操心。

张先生走到商场里面，面对种类繁多的鞋子，觉得有些眼花缭乱了。每当他走进一家鞋店时，营销人员总是笑盈盈地走过来招呼他。张先生保持着一贯的作风，嘴里不停地说着："好，好，好……"但是，他看了好几家都还没有选定一双。不是因为鞋子不好看，而是因为他自己拿不定主意该选哪一双。好多卖鞋的销售人员，都没有注意到张先生这种犹豫不决的心理，以至于没有去热情招呼这位好好客户。

张先生又继续观看，走进了一家鞋店，这家鞋店的鞋子款式也非常多，然而，不同的是，这里的营销人员都非常热情，很有亲和力。当他一走进去就被热情的销售人员吸引住了。他只是说了一句："我随便看看。"销售人员就把他领到了女鞋区，并且逐一为他介绍鞋子。张先生非常惊讶地问道："你怎么知道我买女鞋呢?"这个营销人员笑道："只有对自己的太太，您才会如此精心挑选呀!"

张先生听了心里特别高兴，于是向营销人员介绍他太太的鞋码尺寸，并且还说明了买鞋的原因。这位营销人员细心地为张先生挑出了几双鞋子，并一一说明了鞋子的优点和缺点，还介绍了穿什么衣服配哪双鞋合适。

最后，张先生拿着鞋子非常高兴地走出了商场……

每个客户都有各自不同的性格特点，我们要学会分析客户的性格，采取他喜爱的方式与之沟通，这样，才能取得更好的销售业绩。

（1）沉默寡言型的客户

这类客户一般在与营销人员的沟通过程中不会说很多话，但他们会仔细地倾听营销人员介绍产品和公司。就算是提出问题，一般都是想要更多地了解产品资讯。这类客户比较沉默，并不是因为他们对于产品兴趣不大，而是因为他们心里带着许多疑问。

应对策略：首先要说明产品的诸多优点，而且要告知客户购买产品后所享受的服务，要尽量激发客户购买的欲望，尽量减少客户对你的不断发问，可以反其道而行之，去问客户一些问题，将他们带入销售的氛围中。

（2）犹豫不决型的客户

这类客户一般没有什么主见，情绪也不稳定，忽冷忽热。

应对策略：对这种类型的客户，营销人员最好果断地为他们做出判断。用一些具有强烈暗示性的话语来提醒他们，让他们感受到如果现在不买将来会后悔的，以此来激发他们的购买积极性。

（3）小心翼翼型的客户

这类客户在交谈的过程中会非常认真仔细，对营销人员说的话都用心听，用心想，稍微有一点不明白他们都会提出问题，生怕稍微有疏忽而上当受骗。但是正是因为他们的心比较细，签单的概率反而比较大。

应对策略：跟着客户的思维节奏走，尽量将你要表达的东西讲清楚、讲透彻，多举一些例子来增加客户的信心，强调产品的附加值及可靠性。

（4）脾气暴躁型的客户

这类客户的忍耐性极差，一旦感觉有一点不满意，就会立即表现出来，在交谈中随时都会闻到火药味。

应对策略：营销人员只需要用平常心来对待，不能因对方的盛气凌人而屈服，绝对不能拍马屁，应采用不卑不亢的言语去感动他。

（5）无所不知型的客户

这类客户缺乏谦卑，总觉得自己就是最好的，喜欢用高傲的姿态对待营销人员，认为他自己什么都知道。

应对策略：营销人员应该对客户说的话表示肯定和赞成，应该告诉客户这种产品的优势与客户的密切联系在哪里，不要直接批评客户。

（6）世故老练型的客户

这种类型的客户说话办事一般都很世故圆滑，他们会显得非常老练，对营销人员的介绍一般无动于衷。这类客户容易让销售人员束手无策。

应对策略：这种类型的客户虽然话很少，但是心里很清楚，比谁都有一套。我们要仔细观察他们的一举一动，用最佳的分析讲解来引导客户购买产品。

（7）好争论辩解型的客户

这种类型的客户喜欢与销售人员唱反调，喜欢搬出理论，讲大道理，以此来显示他的能力。这类客户有时明知自己是错误的，也要和你争辩，直到实在辩不过去，嘴上还是不服输。

应对策略：先承认对方的一切说法，不要顶撞，你的态度一定要诚恳，让对方觉得你乐于听他的辩解，以博取对方的好感。当对方觉得在你面前有优越感时，又对你的产品有一些了解，他就会常常购买。与这类客户交流时，要少说多听，要说就切中要害，一针见血，以刺激对方的需求性。

（8）虚荣心强的客户

这种类型的客户一般都是死要面子的，既自大又自负。他们为了满足自己的虚荣心，喜欢撒谎欺骗。他们喜欢得到别人的赏识与赞扬。

应对策略：多讲解产品最适合他这种高层次的人使用，多给他成就感和肯定。这类客户喜欢别人的奉承，切不可揭他的老底。只要顺着他的心理，对他多一份认同，他就会对你产生信任。还要多讲解选择产品后带来的感受和优越感，这样你的产品才有可能让这群人接受。

（9）贪小便宜型的客户

这种客户总是希望不花钱就能买到产品，当销售人员对他们做产品介绍的时候，他们一般不会给营销人员面子，然而，当他们一旦有便宜可占的时候，态度立即就会改变。

应对策略：如果营销人员发现客户有这种性格的时候，不妨想出一些优惠的方法或者具有大的吸引力的举措，让客户觉得有便宜可占，购买就不成问题了。

（10）喜欢说话型的客户

这种类型的客户天生话就很多，就算是一些鸡毛蒜皮的小事，他们都会放大来说，也不管别人是否愿意听，只管自己嘴上痛快了就行。

应对策略：对这种类型的客户，不妨就让他们尽管说，等到他们说高兴为止，营销人员只管做一个听众就行。但是，一个优秀的营销人员不仅要学会顺从和迁就，还要在听的过程中把握好时机插入对产品的介绍，适时促成销售。

性格是人际交往的第一要素。不同性格的人所结交的朋友是不一样的，因为不同性格的人所喜爱的东西不一样，产生的对应的心理状态也就不一样，对人际交往的需求也就不一样。

因此，营销人员若要与客户搞好关系，就要了解客户的不同性格，在与客户进行交往的时候，才能兼顾各种不同的性格，避实就虚，投其所好，以达到成功赢得客户的好感，建立起牢固关系的目的。

三、 如何与客户打成一片

开展营销，需要客户在互联网上找到你，而且是很容易地找到你。比如网络营销，这是一个搜索引擎营销和互联网营销综合运用的技术手段过程。找到你，你才能与客户打成一片。

1. 与客户共享利益，打造共赢模式

在商品推销中，价格是一个非常敏感的因素，合理的价格能够让顾客顺利地接受你所推销的产品。当然，在市场经济条件下，将价格固定不变也是不可能做到的，因此应当在销售过程当中预留出适当的价位变化的空间，以便营销人员和客户谈判。

有一对颇有名望的外商夫妇，在我国一家商店选购首饰时，对一只 8 万元的翡翠戒指很感兴趣，但因价格昂贵犹豫不决。这时，善于察言观色的售货员介绍说，某国总统夫人来店时也曾看过这只戒指，而且也非常欢喜，但由于价钱太贵，没有买。这对夫妇听完后，为了证明他们比那位总统夫人更有钱，就毅然买下了那只戒指。

由于这位售货员经验丰富，对顾客的购买心理动机和购买行为特点揣度及时准确，寥寥数语切中要害，迅速有效地促成了交易。

虽然多数顾客都想选择价格便宜的商品，但是消费水平的提高和消费心理的变化，使销售者的方针必须及时地实现从“优质低价”向“受顾客支持的价格”转变。

为了使价格得到消费者的认可，美国纽约有一种非常特殊的“99 美分”商店，这是一种小规模的自选商店，主要出售日用杂货、厨房用品、家用小五金以及常用药品等。这类商店出售的组合商品，单价一般都是 99 美分，每袋糖果和每盒饼干是 99 美分……虽然 99 美分离 1 美元仅差 1 美分，但这 1 美分之差却对消费者的心理产生了重大的影响：一是给消费者以准确定价的影响。给消费者以准确定价的影响，使消费者感到经营者的定价是认真的、合理的。虽然 1 分钱不凑成整数，但反而容易使顾客对商品的价格产生一种信任感。二是给消费者以价格偏低的影响。99 美分与 1 美元虽只差 1 美分，但给人的感觉是“不到 1 元钱”的商品，如果是“1 元零 1 分”，那就会给人造成“超过 1 元钱”的感觉，两者的价格概念，在心理上的差距似乎比实际差距要大得多。

当然，由于商品的价值不同，不可能所有商品都定 99 美分的价。因此，美国的一些商业心理学家，曾经调查过各类商品的最佳定价法。据相关统计：在美国，5 美元以下的价格，末位是 9 定价最受欢迎。5 美元以上的价格，末位是 95 的定价，销售情况最佳。

我国零售商品定价，多数也是采取类似的非整数定价原则，来适应价格对消费者心理的影响。

总之，价格强烈影响着产品在销售市场上的地位，影响卖方的形象，也影响竞争对手的行为。它对购买者的消费心理和购买行为有重大作用。因此，在商品营销时，营销人员对价格必须采取灵活而慎重的态度。

2. 让客户觉得占了便宜

营销人群中流传着这样一句话：客户要的不是便宜，而是要感到占了便宜。客户有了占便宜的感觉，就容易接受你推销的产品。

客户占便宜的心理给了商家可乘之机。如一些女士在购物的时候，常常用对方不降价，自己就不买来“威胁”商家。于是，商家最终妥协了，告诉女士“就要下班了，我不赚钱卖你了”“我这是清仓的价钱给你的，你可不要和朋友说是这个价钱买的”“今天你是第一单，算是我图个吉利吧”，于是这位女士自以为独享这种低价的优惠满意而归。此种情况并不少见，精明的商家总能找出借口卖出东西并让客户觉得占了便宜。由此可以看出，大多数客户不喜欢对产品的真实价钱仔细研究，而是想买些更便宜的物品。

营销人员怎么做才能让客户觉得占了便宜呢？你可以去看看商场中最畅销的产品，它们通常不是知名度最高的名牌，也不是价格最低的商品，而是那些促销“周周变、天天有”的商品。促销的本质就是让客户有一种占便宜的感觉。一旦某种以前很贵的商品开始促销，人们就觉得买了实惠。

虽然每个客户都有占便宜的心理，但是又都有一种“无功不受禄”的心理，所以精明的营销人员总是能利用人们的这两种心理，在未做生意或者生意刚刚开始的时候拉拢一下客户，送客户一些精致的礼物或请客户吃顿饭，以此来提高双方合作的可能性。

贪图便宜是人们常见的一种心理倾向，我们在日常生活中经常会遇到这样的现象。例如，某某超市打折了，某某厂家促销了，某某商店甩卖了，人们只要一听到这样的消息，就会争先恐后地向这些地方聚集，以便买到便宜的东西。

物美价廉永远是大多数客户追求的目标，很少听见有人说“我就是喜欢花多倍的钱买同样的东西”，人们总是希望用最少的钱买最好的东西。这就是人们占便宜心理的一种生动的表现。

我们说占便宜也是一种心理满足。客户会因为用比以往便宜很多的价钱购买到同样的产品而感到开心和愉快。营销人员其实最应该懂得客户的这一心理，用价格上的差异来吸引客户。

古时候有一个卖衣服和布匹的店铺，铺里有一件珍贵的貂皮大衣，因为价格太高，一直卖不出去。后来店里来了一个新伙计，他说他能够在一天之内把这件貂皮大衣卖出去。掌柜不信，因为衣服在店里挂了一两个月，人们只是问问价钱就摇摇头走了，怎么可能在一天时间里卖出去呢？但是伙计要求掌柜的要配合他的安排，他要求不管谁问这件貂皮大衣卖多少钱的时候，一定要说是500两银子，而其实，它的原价只有300两银子。

二人商量好以后，伙计在前面打点，掌柜的在后堂算账，一上午基本没有什么人来。下午的时候店里进来一位妇人，在店里转了一圈后，看上了那件卖不出去的貂皮大衣，她问伙计："这衣服多少钱啊?"

伙计假装没有听见，只顾忙自己的，妇人加大嗓门又问了一遍，伙计才反应过来。他对妇人说："不好意思，我是新来的，耳朵有点不好使，这件衣服的价钱我也不知道，我先问一下掌柜的。"

说完就冲着后堂大喊："掌柜的，那件貂皮大衣多少钱?"

掌柜的回答："500两!"

"多少钱?"伙计又问了一遍。

"500两!"掌柜的声音很大。

妇人听得真真切切，心里觉得太贵，不准备买了。而这时伙计憨厚地对妇人说："掌柜的说300两!"

妇人一听顿时欣喜异常，认为肯定是小伙计听错了，自己少花200两银子就能买到这件衣服，于是心花怒放，又害怕掌柜的出来就不卖给她了，于是付过钱以后匆匆地离开了。

就这样，伙计很轻松地把滞销了很久的貂皮大衣按照原价卖了出去。

店伙计就是利用了妇人占便宜的心理，才成功地把衣服卖了出去的。营销人员在推销自己产品的时候，可以利用客户占便宜的心理，使用价格的悬殊对比来促进销售。其实在很多世界顶尖的销售人员的成功法则中，利用价格的悬殊对比来俘获客户的心是常用的一种方法。

优惠是推动销售最有效的方法之一，所以优惠政策就是你抓住客户心理的一种营销方式。大多数客户都只看你给出的优惠是多少，然后和你的竞争对手做比较，如果你没有让客户觉得得到优惠，客户可能就会离你而去。所以你不仅要注重商品的质量，还要注意满足客户这种想要优惠的心理需求。

但是，优惠不过是一种手段，说到底是用一些小利益换来大客户，你还是有赚头的，不然商场里也不可能经常有“买就送”“大酬宾”等活动。当然，在优惠的同时，你还要传达给客户一种信息：优惠并不是天天有，你很走运。这样，客户的心理上才会更满足，他们才会更愿意与你合作。

即使你推销的产品在某方面有些不足，你也可以通过某些优惠让他们满意而归。如果客户对你的产品提出意见，你千万不要直接否定客户，要正视产品的缺点，然后用产品的优点来弥补这个缺点，这样客户就会觉得心理平衡，同时加快自己的购买速度。比如客户说：“你的产品质量不好。”作为营销人员的你可以这样告诉客户：“产品确实有点小问题，所以我们才优惠处理。不过虽然是有问题，但我们可以确保产品不会影响使用效果，而且以这个价格买这种产品很实惠。”这样一来，你的保证和产品的价格优势就会促使客户产生购买欲望。

利用价格的悬殊差距来进行营销确实会起到很好的效果，但是却多少有些欺骗客户的感觉，客户得知真相以后，也会感到很气愤，因此在使用上一定要注意方式和分寸，既要满足客户的心理，又要确保让客户实实在在得到实惠，这样才能够保持和客户长久的关系，实现互惠互利。

3. 情感投资，维系客户忠诚度

每一个客户的背后都站着许多人，包括同事、邻居、亲戚、朋友等。商业经营上，不管你是销售产品还是与对方合作洽谈，或者与朋友交往，如果你是一名营销员，你的态度让你的客户感觉不愉快，过段时间，可能就会产生连锁效应，可能会不止一个人不喜欢和你打交道。所以，在任何情况下，都尽量不要得罪你的任何一个客户。

客户是上帝，在这个商业的社会里，得罪你的客户，就是得罪你的上帝，跟钱过不去，还去做什么生意呢？与客户的交往过程中，要时时刻刻地控制自己的情绪，不要因为自己心情不好，就拿客户出气，也不要故意为难或者刁难客户，即使不喜欢对方，也不能怠慢了人家。你要清楚地认识到，你得罪了这一个客户，可能等于潜在地得罪了成千上万个客户。

人性营销，要对客户进行情感投资，维系客户的忠诚度。不管自己心里有何种想法，都不要把自己的情绪表露出来。客户关心的只是生意，对于你来说，客户是你的衣食父母。

不管你接触客户有何种想法，这些都无所谓，重要的是你对客户的态度。你必须时刻牢记，你现在是在做生意，无论对方是你讨厌的人，还是拿你开玩笑的人，都不能得罪，毕竟他们是有可能把钱放入你口袋的人。

乔·吉拉德在做生意的时候，会让他的客户帮助他寻找客户，在生意成交之后，把一大扎名片交到客户的手里，并告诉他：“如果你介绍别人来买车，成交之后，每辆车我给你 25 美元的酬劳。”多数客户会乐意帮助他。当然这种做法需要讲信用，乔·吉拉德的原则就是宁可错付 50 人，不要漏掉一个该付的人。

中国有一句老话：好事不出门，坏事传千里。当一个客户对你的服务满意时，他会告诉身边的5个人；当一个客户对你的服务不满意时，他会告诉身边的20个人。有专家研究发现，发掘一个新客户花费的时间，是在一个老客户身上挖掘第二次生意所花费时间的5倍。

在生意成交之后，要让你的客户感觉满意。每一次服务的质量都会影响到你与客户的进一步的关系。得到一个客户不容易，失去一个客户就太可惜了。

当一个营销人员去拜访他的潜在客户时，即使可以很快断定这个不可能是他的客户，也不能让对方感到你冷热无常。生意可以不做，但是朋友不可不交。否则，这一趟你就白跑了。虽然他不可能和你做生意了，但是他的后面还有许多个人呀，他把你当朋友了，了解你的生意了，就有机会帮你介绍生意。

既然一个人能够影响250人，那么怎么才能抓住那个“1”呢？不和陌生人做生意。

不和陌生人做生意，不是不能和陌生人接触，而是要把陌生人都变成你的朋友，这样你和熟人做生意，就会自然轻松得多了。如何把客户当成你的朋友呢？

（1）在心里把客户当朋友看待

卡耐基说过：“试图了解别人，就要对别人感兴趣，那么在两个月内你就会交到很多朋友；如果你只专注于让别人对你感兴趣，两年也交不到朋友。”这句话告诉我们，要想得到真正的朋友，就要从心里把别人当朋友来看，主动去关心人家，关注人家，哪怕只有一段时间的接触，人家也会把你当朋友的。对待客户也是一样，当你真心对待他们的时候，就会获得他们的信任。

很多人有一个坏毛病，喜欢挑别人的毛病，其实每个人身上都有优点和缺点，如果你老是喜欢挑缺点，对方就会抵触你，怎么和你交朋友呢？所以，要想使生意做得好，就要先树立一个理念——你怎么对待你自己，就怎么对待你的客户。但把客户当朋友不是一味地恭维他、迁就他，要从内心里觉得他是你的朋友，和他平等地沟通，不盲目自大也不妄自菲薄。

（2）把握好介绍产品的时间

对于自己的产品，你要非常熟悉。要清楚自己的产品对客户有什么帮助，向客户介绍产品时，不要太笼统，要简明扼要，有针对性。不要用太多的时间介绍产品的实力和公司的详细情况，因为客户未必想了解得这么详细，除非他的购买需求紧迫，这就另当别论了。

一般介绍完产品后，找一个和工作及产品无关的话题，消除客户的提防心理。比如尽可能多地了解对方的爱好和他的生活方面的信息，要对他的话题发表你的见解。谈合作，谈项目，一定要讲究时机。当客户有为难之处时，要体谅。

（3）说话要热情

对任何客户说话，都不要冷冰冰的，不要拒人于千里之外。说话要热情，有感染力。冷冰冰的语言往往是一颗播下的仇恨的种子。不要轻易对别人说的话下结论。

说话要看对象，不同身份的人要区别对待，摆事实、讲道理要合听者的口味才能产生效果，才能不至于白费口舌，做无用功。

4. 调动客户购买欲望

人们做某件事情或采取某种行动的最基本的内在动机，就是满足其内心的某种满足感。如果他所从事的这件事情，或者他采取的这种行动，不能给行动主体带来一定的满足感、愉悦感，就会使其感到厌烦、无聊，甚至觉得受到束缚，或感到痛苦。试想，有谁面对自己从内心就感到讨厌的事情，依然会充满激情地去做呢？无法获得内心的满足，就无法激发自身的动机，不想去做，或者即使做也是敷衍的、应付的，怎么可能做好？

有一个烟瘾很大的人，他一直都想戒烟，但是不管使用什么方法，都不能起到很好的效果，总是过一段时间以后，他就不能够控制，又开始复吸。很多时候，当他再想吸烟时，就会给自己找出若干的理由，说服自己没有必要这么折磨自己。结果戒烟戒了一年多，却没有一点效果。他的亲戚们苦口婆心地劝说他，但还是没有效果。

最后在一位心理学家的帮助下，这个有着严重烟瘾的人居然真的不再吸烟，坚持了很久，并慢慢把烟给戒了。

那么这位心理学家使用了什么样的神奇方法呢？其实方法很简单，心理学家只给他看了两张照片，一张是不吸烟的健康人的肺，一张是因为吸烟而患有肺癌的人的肺。看着被厚厚的焦油覆盖和损坏的肺，有严重烟瘾的人被震撼了，他什么也没有说就离开了。从此以后，他再也没有吸过烟。

是什么力量让这个烟瘾如此严重，屡戒都不能成功的人，最后却如此简单地下定决心去戒烟呢？那就是吸烟这种不健康的行为让他真正发自内心地感到厌恶，而对不吸烟这种健康的行为着实地感到满意，这样就激发了他戒烟的强烈动机。在现实营销中，我们可以通过改变某种行为本身的意义，从而达到改变人们行为方式的目的。从理论上说，是行得通的。当某种原本令人厌恶的行为，给人带来某种满意的体验，人们就会接受它；当某种原本会给人带来快感的行为，会对人造成某种伤害，人们就会摒弃它。这就是内心满足感对人们的行为动机的激发作用。

对于营销人员来说，如何激发自己的工作动机，如何调动客户的购买动机，是十分重要的两件事。

营销工作是辛苦的，富于挑战的，同时也是残酷的，会经常遭受挫折。因此，如果营销人员总是遭受这样的内心体验，必然会对营销工作产生厌倦，会感到痛苦而不愿意全力以赴，甚至不愿意继续做下去，这样，就会失去动机，轻易放弃。而如果能让营销人员从这份富有挑战的工作当中体验到刺激、快乐以及莫大的收获，他就会被这种愉悦的内心体验激发出强烈的动机，使其做出更出色的成绩。

面对客户，想要调动其购买的积极性，就要想方设法引起他内心的满足感，让他从购买你的商品中获得实惠，获得利益，获得好处，从而产生强烈的购买动机，主动掏钱购买你的产品。

总之，营销工作不是营销人员的独角戏，不仅要使自己拥有工作的热情和强烈的销售动机，还要善于引导客户，让客户产生强烈的购买动机，要善于让客户主动购买，否则不管你的商品有多好，你要是硬塞给客户，客户也不会接受的。营销人员要善于发挥一些心理影响力，来调动和改变自己以及客户的行为，促使营销工作顺利进行。

5. 创造舒适的购物环境和氛围

设想一下，你是否也会感觉在自己的家里、在自己的亲人面前才不受约束，感觉到自由随意，而在其他场合就会受到拘束，这是因为环境造成的不一样的感觉，必然会影响到人们的行为。所以，我们可以通过环境的改变，对人们的心理造成一定的影响，从而促进他们产生某种倾向，采取某种行为。

对于营销人员来说，客户的满意度是最应该注意的地方，而如何才能让客户更加满意，其实环境也起着很重要的作用。让客户感觉温馨、舒适的环境，会增加客户的归属感，从而使其放松警惕，更容易和营销人员打成一片，说出自己的真实想法和需要，并使彼此真诚以对，利于交易的顺利达成。

消费者往往都有这样的心理，那就是愿意多花钱享受更好的服务，购买更好的商品。因为好的服务和好的商品能够为其提供更多的舒适的感觉和好处，内心的满足会使其心甘情愿地掏腰包。而环境也是服务中的一个重要环节。这里的环境包括大环境和小环境，大环境指的是进行交易的场所，如在商场、店铺、客户家中、办公室、工厂或者咖啡馆等；小环境则是销售人员与客户之间交谈商讨的氛围，如营销人员是否积极热情，说话是否得体，举止是否得当等。

这些环境有很多是可以控制的，通过人为的因素来主动创造一种更加舒适、更加和谐的环境和氛围，对营销工作会起到一定的促进作用。比如，有的餐厅把用餐的环境设计得十分幽雅、舒适，播放着优美的音乐，服务生干净、英俊，态度热情、礼貌，其目的就是让顾客吃得舒服，吃得开心，下次再来。因此，对环境的设置也是很有必要的。让客户有一种宾至如归的感觉，使客户感到更多的舒适和自由，使其流连忘返，产生再次享受的欲望。

泰国的东方饭店是一家已110多年历史的世界级大饭店。这家饭店这么多年以来，几乎天天客满，不提前一个月预订，很难有入住的机会。一个饭店能经营到这种程度，自然有其特殊的经营秘诀。饭店对每一个入住的客户都给予最细致入微的关怀和重视。为客户营造了最舒适的、最体贴的环境和氛围，让客户流连忘返。

除了饭店的住宿、餐饮、娱乐等消费的大环境让人倍感舒适和享受以外，具体的服务小环境也是让人倍感温馨和体贴。比如，史密斯先生入住了这家饭店，早上起床出门，就会有服务生迎上来：“早上好，史密斯先生!”不要感到惊讶，因为饭店规定，楼层服务生在头天晚上要背熟每个房间客人的名字，因此他们知道你的名字并不稀奇。当史密斯先生下楼时电梯门一开，等候的服务生就会问：“史密斯先生，用早餐吗?”当史密斯先生走进餐厅，服务生就问：“史密斯先生，要老座位吗?”饭店的电脑里记录了上次史密斯先生坐的座位。菜上来后，如果史密斯先生问服务生问题，服务生每次都会退后一步才回答，以免口水喷到菜上。当史密斯先生离开，甚至在若干年后，还会收到饭店寄来的信：“亲爱的史密斯先生，祝您生日快乐！您已经5年没来，我们全饭店的人都非常想念您。”

这样的环境和服务，让客户享受到了最舒适的体验，也受到了最大的重视和关怀。因此，只要来过这里的客户，都会愿意再次光顾。

这就是泰国东方饭店成功的秘诀所在，对客户给以最大的重视，为其提供最体贴的服务，为其创造最舒适的环境和氛围，从而紧紧地抓住了客户的心。营销人员也应该从这方面努力，利用环境的因素，尽量为客户提供最贴心的服务，促使交易朝着正面的方向前进。

环境与氛围对营销起着非常重要的作用。仅仅为客户提供质量优良与价格合适的产品是远远不够的，如果没有提供相对应价值的环境与氛围，营销也是很难开展的。

在营销过程中，营销人员不能仅仅注重硬件的销售，而忽略了软件的销售。优良的质量与合适的价格等，这些都是影响营销的硬件，而营销的环境与氛围则是影响营销的软件，如：公司前台的创意布置、人员的合理安排、会客厅或会议室的装修与布置，这些都要与公司产品的价值相对应；员工的衣着与言谈举止都要进行有针对性的培训，客户访问时，现场环境与氛围要根据客户的性质进行针对性的临时布置；店铺环境与氛围设计、产品的陈列布置及广告宣传等硬件的信息，都能够让客户看到产品背后的实力以及公司的品位与素质，这对客户最终的消费选择会产生很大影响。

总之，环境和氛围的设置和创造，也是营销过程中的一个十分重要的环节，好的环境和氛围会引导整个营销向着有利的方向发展。

第八章　互联网时代的人性传播模式

互联网时代给我们生活改变带来的三个趋势：第一个趋势是媒体碎片化的趋势。在当今这个互联网时代，我们的媒体已经高度的支离破碎，也就是说每天有太多的媒体在影响、关注我们，所以信息的传播途径出现改变。第二个趋势是媒体互动化的趋势。我们知道现在有很多新媒体，新媒体的互动性非常强，这就造成信息的传播方式出现改变。第三个趋势是媒体渠道化的趋势，销售渠道需要改变。

一、品牌定位：病毒式传播

病毒式网络营销：通过用户的口碑宣传网络，信息像病毒一样传播和扩散，利用快速复制的方式传向数以千计、数以百万计的受众。也就是说，通过提供有价值的产品或服务，“让大家告诉大家”，通过别人为你宣传，达到网络营销核裂变的效果。

病毒式网络营销已经成为网络营销最为独特的手段，被越来越多的商家和网站成功利用。

病毒式营销包括论坛、博客、视频，平时发的帖子也属于病毒式营销的一部分。而病毒式网络营销是通过用户的口碑宣传网络，让信息像病毒一样扩散，它自己具有可复制性、可传播性。

1. 网络时代的品牌定位

什么叫定位？定位是产品在顾客心目中确定一个适当的位置，让顾客想到相关需求的时候就立刻联想到你的品牌。

比如我们喝凉茶的时候就会想到“王老吉”，这是非常重要的。但是，如果做洗发水的“霸王”，也去做凉茶，结果业内就可能出现“霸王凉茶硬上弓的”说法，这个定位就是非常不合适的。

传统企业和网络公司的定位有很大的区别。纯网络平台的定位要直面消费者，同样性质的网站是非常多的，要给消费者一个选择你的网站而不选择其他网站的理由。比如以下非常成功的互联网公司都有清晰的定位：谷歌，搜索服务提供商；芒果网，商旅；迅雷，快速下载；凡客诚品，网络男装销售；阿里巴巴，电子商务，等等。

而传统企业的网站定位要服从于企业本身，企业本身的定位是什么，网站怎么配合好企业，要充分地表现出来。品牌定位是经常向消费者宣传的那部分品牌识别，目的是有效地建立品牌与竞争者的差异性，在消费者心智中占住一个与众不同的位置。

消费者对许多经典品牌的记忆，和它们成功的产品设计是分不开的。比如 M&M's 的彩虹糖、路易威登的经典底纹。高性能、创新设计、包装独特等物理属性，使产品本身就是一个完美的广告载体，它不仅满足消费者对高品牌产品的追求，也能促使消费者在所处的圈层中进行扩大传播。

消费者对产品本身的关注，直接影响他们对品牌的印象和评价。优良的产品是打开消费者心智的第一把钥匙。特别是精明的中国消费者，选择国际一线品牌的理由第一就是产品做工精良。他们非常识货，不少人具有专家般的鉴定眼光和品位，能够把物品本身的设计、颜色、用料、手感、功能、价格甚至产地都描述得清清楚楚。

消费者看重产品物理价值本身，有时候，当产品本身的品质与其高价格不匹配时，他们也很容易转换品牌，并会将产品的负面信息向其他人传播，同时也可能瞬间就抛弃这个品牌，转向其他。

比如，有个家庭主妇这样说："我家的微波炉加上抽油烟机、炉灶那一套，之前是××品牌的，但我的保姆经常向我投诉说这个不好，功率不够，虽然漂亮，但不适用我的家庭。后来身边的朋友推荐用某国产大功率的。国产品牌的设计更注重中国消费者的需求，更契合中国的厨房环境，我就换了××。"

可以说，消费者的自我性非常强，体现在他们购物时的随意和理性。随意指的是对品牌的挑选，理性指的是他们对产品本身的关注，他们寻求的仍然是性价比最高的商品。

因此，对国内的品牌而言，第一要务是练好内功，在产品本身上下工夫，把好产品本身的品质、设计、工艺、造型等基本价值，从各个细节锻造一流品质的产品，让更棒、更创新的产品成为价值观的坚固基石。好的产品自己也会说话，是一个自动营销专家。

2. 好名字成就网络好品牌

为产品起一个好名字，是产品成功的一半，比如，你去一家餐馆就餐，你看看菜谱里起的“动听”的名字就知道了：白萝卜丝上放只鲜红辣椒是“踏雪寻梅”；鸡脚炖鹌鹑蛋称为“明月映翡翠”；香肠烧鸡块取名“玉树挂金钱”；把松花蛋、咸鸭蛋、茶鸡蛋等切合一起叫作“丹凤朝阳”；将七片莲藕孔眼灌入江米蒸熟，再切五片胡萝卜刻成梅花形，便组成“梅花欢喜漫天雪”。

不仅如此，包括酒店的名字，也大多起得很好听。像七天假日连锁酒店，一看名字，就很容易让人想起黄金周去旅行的时候，首选七天假日连锁酒店。

一个好的公司名字，不仅要朗朗上口，容易被消费者记住，最好还能够暗含公司的商业理念。许多时候，它是公司品牌的象征。甚至有人为了一个名字，付出了巨大的代价。阿里巴巴创始人马云曾有一个“疯狂举动”，花3000美元买一个公司名字，是否值得？答案是肯定的。

> 阿里巴巴的目标是要做一家全球化的公司，所以，名字也必须具有全球性。为了找到这么一个具有全球性的名字，阿里巴巴的十几位创始人可谓是绞尽脑汁，提出了如bargain. com，ok. com，open. com等一些名字，但感觉都不够理想。
>
> 阿里巴巴这个名字的出现非常偶然，而且，在决定用它之前，它已经被一位加拿大人注册了。不过，大家后来还是决定用这个名字，因为在美国，随便问一个路人他是否知道阿里巴巴，他都会给你芝麻开门的回答。显然，阿里巴巴是一个世界性的词语。而且，在传统故事里面，阿里巴巴意味着运气、财富和善良。善良的阿里喊了芝麻开

门，发现财富后是分给大家的。这正符合阿里巴巴的商业理念。

最终，阿里巴巴这个域名被马云用 3000 美元从一位加拿大人手中买过来，成为了中国的阿里巴巴。

对老板来说，花费巨大的财力物力去设计一个公司名字并不现实。而且，创业者无论在业务方向、经营理念还是企业文化上，通常都还处于摸索状态，也无法通过公司名字体现出这些要素来。所以，老板给公司起名字，通常只需要考虑简洁、明了，朗朗上口就可以了。

3. 搭建优秀的网站营销平台

互联网时代，网站推广分为线上推广和线下推广，这是一个核心概念。线上主要指网上的推广，而线下推广也同等重要。很多人学习网络营销，就只做网络上的推广，其实线下推广比线上更重要，线上推广只是放大优势。

雕爷牛腩是一家轻奢餐厅，名字听着就挺特别，很多人慕名而来，每天门庭若市，吃饭都要排很久的队。

雕爷牛腩创办者叫孟醒，人称“雕爷”，他并非做餐饮的专业人士，开办这家餐厅，被很多人（包括雕爷自己）看作一次商业风险很高的尝试。

在菜品方面，餐厅追求简洁，只供应 12 道菜，追求极致精神。在网络营销方面，利用餐厅微博吸引顾客。在粉丝文化方面，餐厅形成了自己的粉丝文化，越有人骂，“死忠粉”就越坚强。而在产品改进方面，餐厅配有专门团队，每天针对问题进行优化和改进。

尚不论雕爷牛腩究竟好不好吃，仅在互联网营销方面，雕爷牛腩就完美地诠释了什么叫互联网产品思维。在“雕爷”看来，互联网思维就是围着顾客来，让客户体验做到极致，然后用互联网方式推广。

做推广的时候，线下其实非常重要。很多时候只找一个卖点、只通过互联网宣传炒作是不够的。如果线上和线下的活动相互结合起来，让平面媒体和网络媒体一起参与，宣传效果会非常巨大。

例如一个交友网站要做推广，找了一群美女，她们外面穿着普通的服装，走到街上。突然几个美女把外套一脱，里面穿得非常性感，然后拿出传单说：“我想嫁人了，我想嫁出去。”这件事马上就在网上被宣传报道。

线下事件是线上推广的导火索，网络营销不只是在线上写几篇文章，在线上找一个卖点、做一个策划，这是远远不够的。推广、营销、博客、论坛和邮件，很多素材都来自线下，不能只推广线上而忘记线下。互联网是一个推进器、加油器，让新闻产生一种爆发的力量。所以线上宣传一定要策划好如何与线下的事件相结合，线上线下相互结合才是网络营销最重要的手段，也是基础运营管理的一个要点。

网络渠道和传统渠道的平衡是很难把握的，尤其是对电子商务来说。如果做的是宣传介绍型、品牌形象型、订单导向型或者招商加盟型的网站。基本上都是从网上带来订单，不是在网上直接销售产品。

客户主要是通过网络找到企业，经过了解、协商，再讨论合作、成交的事项，这就不存在平衡的问题。这些产品包含很多服务概念，通过网上直接销售比较困难。如果做电子商务，有一些标准化的产品，比如化妆品，这就完全可以在网上销售，此时就存在一个网络渠道和传统渠道价值平衡的问题。

要解决这个问题，有以下几个方法：

一是线上线下产品区隔的策略，这个策略十分重要。比如网站上卖的产品和线下卖的产品是不一样的，不同的型号、不同的包装，线上线下区隔对待。

二是巧妙地运用产品捆绑销售的策略，即购买一件产品是一个价格，同时购买两件可以便宜一点，或者卖一个化妆品搭配另外一件产品又是另外一个价格，或者是搭配赠品，这都是可行的。网上购物价格普遍较低，因此就要多给消费者一点优惠，而产品捆绑可以破除价格冲突的问题。

三是可以发放网上优惠券吸引顾客到网上购买，优惠券本身就是一个广告，可以通过邮件等方式向网民发放优惠券，同时宣传产品打折、商家活动等信息。

四是做一些不定期的特价销售，吸引顾客到网上来。现在很多产品在网上做推广都用“秒杀”的方法，其实就是一个不定期的特价销售，把产品的价值宣传出去之后，再用特价销售的促销方法。超低价格，必须在某个时间点来抢购。这样的推广宣传效果非常好，可以把网站做得很活跃、很互动，同时也很有特色。

五是尾货打折的策略，尾货打折清仓，相对会便宜一些，也可以吸引消费者。以上几种方法都可以让线上线下的价格渠道相平衡，破除乱价的问题。

二、 人性营销的网络推广方式

当下，免费的营销推广主要有以下方式：

百度推广，有免费方式和收费方式，免费推广主要有百度知道、百度贴吧、百度文库、百度经验、百度图片等，这些只需要你注册账号，就可以做一些相关活动了，但是所要推广的内容需要精心雕琢。

1. 搜索引擎的品牌策略

如今，网络上产品同质化现象严重，品牌策略植入搜索营销是必然的趋势。

搜索引擎将互联网中的网页归类储存，先归类，再抓取，再归类，最后通过关键词和各个网页进行匹配，谁最匹配排第一，谁第二匹配排第二。将关键词匹配得最好的呈现给用户。

了解了原理之后，在做搜索引擎优化时一定要根据谷歌、百度的抓取机制来设计企业的网站。关键词就是用户输入搜索框中的文字，也就是用户命令搜索引擎寻找的东西。

要判断一个网站做得如何，可以通过输入公司的名字，看看排名的情况。要判断一个网站的优化做得好不好，就可以在百度输入公司的名称搜索，如果在百度里面显示不是在第一条，那就要改进。评判一个网站优化做得好不好，第一是搜索公司的名字，第二是看标题。

（1）依附于品牌非价格策略

市场竞争愈加激烈，不同企业之间的同类产品在性能、质量、价格等方面强调差异化变得越来越困难，即使是价格策略也不应该是单纯的卖产品策略，而要依附于企业品牌形象和尽善尽美的服务之上的价格策略。就像海尔采用的营销策略一样，赢得了消费者的心，也赢得了同行的尊重与敬佩，更赢得了市场。

（2）搜索广告投放创意的品牌展现

品牌是消费者对产品（服务）及产品系列的认知程度。品牌是企业长期努力经营的结果，是企业的无形载体。因此，在搜索引擎营销中要突出品牌，对于营销人员可操作的就是关键词和创意。

可以在关键词上，从地域、产品参数、规格型号、功能等多维度去扩展品牌词，使品牌可以最大面积地覆盖产品需求的人群。比如，电脑可分为笔记本、笔记本电脑、台式电脑，等等；留学，可分为美国留学、澳洲留学、英国留学、日本留学，等等。

对于企业而言，要在搜索营销中实施品牌策略，就要充分认识到品牌的价值。当我们的品牌价值得到用户的认可，那么我们的产品、服务自然会受到用户的青睐。为避免品牌价值的流失和不可控因素造成的品牌风险，产品和服务提供的渠道尽量由企业自身控制，当然视具体情况而定了，毕竟社会分工是工业革命的，生产型企业针对的用户是批发需求的用户，而直接销售的企业面向的就是直接的消费者了。对于任何品牌，品牌的价值就在于让批发商觉得这产品好卖，让消费者觉得这产品好用，能满足他们的最大效用。

2. 与客户交互的网络营销渠道

与客户交互的网络营销渠道，主要包括：论坛营销、博客营销、微博营销等。

（1）论坛营销

论坛营销就是企业借用互联网的平台进行营销。论坛也叫 BBS，实际上它是互联网最早诞生的一种形式，它和电子邮件可以说是同期诞生的。互联网最开始诞生的形式除了电子邮件以外，第二种就是 BBS 论坛，它可以通过文字、图片、视频这种方式去发布。

论坛营销是质比量更重要，所以一定要编辑有质量的帖子，编辑非常有趣、非常好玩的帖子。再者互动是核心，一定要吸引更多的人来参与互动，一定要引起网民进行互动性的跟帖。

巩俐曾代言喜临门床垫。喜临门床垫是国内数一数二的床垫厂商，钓鱼台国宾馆、希尔顿酒店都是用的这个床垫。喜临门床垫想扩大自己的知名度，就请了巩俐作为他们的代言人，他们请巩俐拍一组电视广告片，投放在央视新闻联播之后，焦点访谈之前的黄金时间段。这个费用是不菲的，但是他们还是做了这样的决定。

在这个过程中他们就发现一个问题，因为现在买床垫的人一般都是买房的人。除了投资性的，更多的买房人是为了结婚做准备的年轻人，要作为婚房，很多年轻人要买房才会买新床垫。而那些年轻人根本就不看新闻联播、焦点访谈这些节目。既然不看中央电视台的节目，就无法看到它的广告。此时，企业发现这与他们要传播的受众不符。

除了这个广告继续播出以外，还必须找一些其他的渠道，这个时候他们就想到了网络，毕竟投中央电视台的广告需要很大一笔费用。所以他们就在论坛上把这个事情炒起来。当时巩俐在广州拍广告片的时候，网络的炒手已经到了广州开始策划，研究如何把这个事件结合起来，然后就在论坛中把这个事情炒作起来。

这个时候就有了一个帖子，网络的炒作人员在广州拍花絮的时候拍了很多图片，把这些图片整合起来起了这样的标题——《别黄金甲，迎喜临门，巩俐床戏内幕全曝光》。

实际上如果第一次接触这个帖子的时候，会认为巩俐刚刚演完《满城尽带黄金甲》之后又要拍《喜临门》，这里面有很多床戏、很多激情戏，这样就吸引了很多人去看，很多电影都是靠激情戏的噱头去炒作。之后把这个标题的帖子发在论坛上。帖子里面所包含的图片，每张照片都会放一个喜临门的LOGO①。

从2006年9月26日至10月11日，还不到半个月的时间，喜临门广告花絮帖累计点击率2140258次，百度搜索帖子标题为23100次，阅读转载人数是2000万人，谷歌搜索是444000条，这是非常好、非常直观的效果评估。当时，商家做这样的炒作活动和这样的营销活动，把帖子发在很多的论坛上，比如说猫扑、天涯等论坛的相关频道。发上去以后自己找一批人进行炒作、进行前期的跟帖。前期的跟帖非常重要，只有把这个事情炒作到一定程度的时候，其他的网友才会进行跟帖，这个时候才会产生互动传播的效果。

① 标识，标志。

论坛营销主要分为4个步骤：第一个是主帖设计，标题设计得好不好，直接影响关键步骤做得如何；第二个是主帖发布；第三个是“水军”跟进，就是有一小批人前期进行启动，注册好一些ID①，为企业所用，进行舆论导向引导，引发更多自然讨论；第四个是波段控制与效果评估，不可能每一个炒作都是围绕着一个帖子进行，要有主帖和副帖，当然这都是为主帖服务的。

（2）博客营销

博客营销，博客是2006年、2007年在中国火起来的新的互联网形式。在博客中，个人可以写自己的文章，也可以转载他人的文章，现在很多企业会利用博客营销，搞促进产品销售的活动。

企业的博客营销主要分为3种形式：一是以公司或以项目小组形式开设的博客，比如公司有一个技术研发部门，公司的这个产品是大众消费品，很多人都愿意去了解，很多人希望去看一看这个产品从最初的设计到研发，到制作，到生产是怎么样的过程。二是公司灵魂人物在公司网站或者外界的博客平台开设的博客，比如李开复、潘石屹他们在新浪开的博客，除了表达他们自己的观点之外，也为他们自己所在的公司起到了很好的品牌宣传。三是主动寻找意见领袖的博客获取宣传机会。

北京的胡同文化非常有名，有一家餐馆就开在胡同里面，它非常有特色。虽然酒香不怕巷子深，但是现在酒香也怕巷子深，餐馆主人希望通过博客把餐馆宣传出去。为此他们找到了北京当地非常

① 用户名。

有名的写美食博客的博主，他的博客访问量应该有几百万，餐馆邀请博主来餐馆吃了一次饭，如果博主愿意的话，可以给博主一定的费用，但是请博主一定要把餐馆的评价写在网上，当然最好是积极的、正面的。

这位博主来了餐馆，吃过以后，把他的感受写在网上。因为他的博客会有很多人去看，很多人想找一些好玩的餐馆、约会地点的时候，都会去看他的博客。而他实际上就起到了一种意见领袖的作用，这个时候很多人看到他的博客发的这篇文章，就慕名前去。

（3）微博营销

微博是以国外 Twitter（推特）为代表的微博客，国内以新浪博客最为知名，网易、搜狐和腾讯也先后纷纷推出微博业务。如果将博客称为“满汉全席”，那么微博就是“快餐”。用户对博客都很熟悉，看过很多的博客，如果自己写一篇博客，写不到一百字好像有点上不了台面，但是微博只要写一句话就行了。比如现在在听课，可以写一句话，这样的一句话博客就可直接发到网上去。

北京有一个微博博主，有一天她在北京的西单商场上厕所，进去以后才发现那里面没纸了，而她只有一个人，不知道当时能够打电话给谁。她就通过手机发微博，她说：我现在在西单商场三楼，没有纸了，如果谁看见了，可以给我送纸来，我最多支撑半个小时。最后真有人给她送纸来了。

原来是她朋友看见这条微博，然后她朋友的朋友在西单商场里面，结果就给她送纸了。

生活中的小例子最能说明微博的作用，因为微博传递信息的速度非常快。

（4）邮件营销

邮件营销是利用邮件地址列表，将信息发送到对方邮箱，以达到宣传的目的。它是非常方便、快捷的。邮件营销的好处：直接用邮件销售产品；利用电子邮件来做营销，可以与客户不断地进行互动等。

在北京，有一个非常有名的红酒论坛，当时这个红酒论坛有很多的明星大腕，包括一些企业家的董事长、老总都经常去浏览。这个论坛积累了一群高端用户，虽然论坛注册的人数不多，大概只有几千人，但是每一个人都非常有钱。

后来北京一个奔驰的4S店就和这个论坛进行合作，因为要买奔驰的人都是有钱人，和论坛会员数据库非常吻合，所以奔驰4S店就与论坛进行绑定。将4S店的客户信息与论坛分享，将论坛中精华的红酒信息通过邮件发送给客户。

这个论坛的电子邮件数据库也分享给了4S店，把奔驰的邮件发送到论坛会员的邮箱里面，达到更好的宣传效果。这实际上是收集非常精准的邮件地址库的过程。

发送邮件吸引客户有这样几个方式：

一是和一个网站进行合作，如果网站是专门讨论IT（信息技术）的，做 IT 产品的企业就可以和他们的网站进行合作，让他们来帮忙发邮件，或者直接购买。

二是邮件标题一定要吸人眼球，45% 的人根据标题决定是否打开。比如一个宠物用品店，“十一”搞促销，所有商品折上折，全场免运费。不同的标题会带来不同的效果。

第一个标题：告诉你一个惊天动地的小秘密。这个标题取得不好，很多人不敢打开，怕有计算机病毒。一般发这种标题的，不是邪教组织就是卖发票的，所以用户一般都对这种标题有了免疫，看了这种标题就直接把它删掉。尽管是非常好的促销活动，如果起这样的标题的话，效果就大打折扣了。

第二个标题：宠物店庆国庆，所有商品打折免运费。这个标题还不错，能够把这个活动的宗旨大概描述出来，但是这个标题就不如第三个标题好。

第三个标题：国庆 8 天抢购，皇家狗粮 70 元，伟嘉猫粮 90 元，百款产品 15 元起，全场免运费。这个标题在最开始说 8 天抢购，因为标题长就涵盖了许多信息量。在互联网上有一句话：“妈妈说，只有标题长才会有人看。”为什么标题长才会有人看呢？以天涯社区为例，在“天涯”这个论坛，每页可以看到 100 个帖子，而标题长的帖子会占两行，标题短的帖子只会占一行。在论坛和博客，如果标题长，标题里面涵盖的关键词比较多的话，被搜索到的概率就会提升，如果有的人搜索皇家狗粮就搜索到该企业的帖子，所以起标题非常重要。要吸引受众的关注，在发标题的时候，一定要注意标题要长一点，另外标题涵盖的关键词要多。

三是邮件发件人必须可信或吸引人，60% 的人根据发件人决定是否打开。一般来说，针对老客户发的邮件，发件人可以写公司名称；针对新客户发的邮件，一般不要写公司名称。

四是邮件内容前 4 行必须吸引人。如果看了前 4 行都无法吸引客户的关注，就会被删除。

五是邮件中要给人一个回邮件或采取行动的强力理由。比如宠物店国庆促销的帖子，在标题当中就说明了，国庆 8 天的时间，只有这 8 天才享受优惠，如果邮件特别多的话。在今天看完以后，如果不马上采取行动的话，明天就会被新邮件覆盖，新邮件来了之后，一般人就只会看新邮件。

六是邮件中要至少有一个网站的超链接。因为邮件所包含的信息太少了，一个邮件只能放一定量的文字和图片。

七是制作有价值的电子文件周刊或者月刊，每周或每月持续发送。

（5）微信营销

微信是腾讯公司推出的智能终端即时通信服务免费应用程序，微信支持跨通信运营商，跨操作系统平台通过网络快速发送免费（需消耗少量网络流量）语音短信、视频、图片和文字。同时，微信也可以使用通过共享流媒体内容的资料和基于位置的社交插件“摇一摇”“漂流瓶”“朋友圈”“公众平台”“语音记事本”等服务插件。

微信公众号是开发者或商家在微信公众平台上申请的应用账号，该账号与 QQ 账号互通，通过公众号。商家可在微信平台上实现和特定群体的文字、图片、语音、视频的全方位沟通与互动，形成了一种主流的线上线下微信互动营销方式。

如果企业产品单一，微信公众平台千万别生硬直白地介绍产品如何如何好。可以把产品的特性展开，分成不同的专题介绍。选材方面可以参考：产品软文；与产品相关的行业资讯；与产品相关的良好用户体验；消费者使用该产品或同类产品，获得好评的新闻、视频；讲讲成长故事、创业情怀。

微信服务号是提供服务的，是腾讯提供给企业用户，用于向粉丝提供服务的一种公众号，它比订阅号的功能更全。服务号也分为两种，认证服务号与未认证服务号，认证方式只可以是公司认证，并且也只有公司才能申请。

微信订阅号是腾讯在微信平台上推出的一个功能，普通用户可以像订阅报纸一样，每日获得所关注的订阅公众号推送的消息。申请订阅号的用户可以每日推送一些消息给关注的用户（简称粉丝）。微信营销是当下最为火爆的营销平台，用户注册微信后，订阅自己所需的信息，商家通过提供用户需要的信息，在线上推广自己的产品，引导客户到线下进行购买，从而实现线上与线下的营销。

通过微信，企业可以将大量的新老客户搜至囊中。企业只要定时推送企业信息或者活动信息，客户便会在第一时间收到相关信息。在微信公众平台上，企业还可以将各类客户进行分类管理，做到有选择性地推送各种需求信息，让企业信息百分之百地传达到客户手上，通过与客户零距离的接触，培养良好的客商关系。

企业微信营销的终极目标就是通过老客户发展新客户。当我们把目标客户拉进企业微信公众平台后，要不断地对其输出企业文化、企业特点等实质性的东西，让客户对企业产生依赖感。通过这些目标客户建立初步的客户群体，形成自己的企业微信品牌。

微信营销是一种省时省力的营销方式。当企业微信与老客户之间形成亲密关系，老客户就会愿意帮助企业分享相关资讯或者活动内容。企业的微信网站通过不间断的奖励活动，刺激老客户分享传播企业信息，从而达到营销的目的，发展更多的新客户。

三、渠道为王，开发畅通的销售渠道

先来看一个例子：

雷军一直在说，小米不是一个硬件厂商，而是一个互联网公司。是的，小米不是一个硬件厂商，它是一个强大的渠道商。小米手机只是一个硬件平台，小米做好硬件目的只是为雷军搭建一个很牛的平台。2013年，小米手机销售量达到了1870万部，2014年达到4000万部，2015年达到7000万部。我们假设，哪天小米心血来潮，说我们做电子商务吧，我们做一个类似淘宝或者天猫、京东的电子商务平台，再弄一个内部推送，一夜之间将会有几千万的用户量……每个APP（应用程序）又能给小米带来巨大的利润。小米的手机我们假设不赚钱，但是如果小米推出10个一个亿以上用户的APP，那么，这个市值将会有多大？

这就是渠道的威力。

1. 宣传要到位，渠道要铺开

做企业不能仅仅依靠凌厉的广告攻势，在打广告的同时还要把营销渠道做好，只有这样，产品营销才能真正有效。简单地说，成功的营销就是要做到：宣传要到位，渠道要铺开。

哈尔滨红太阳集团曾经推出过一款产品，名叫彼阳牦牛骨髓壮骨粉，当年在上海投放了大量的广告，一时间市场被炒得很热，广大消费者都知道了牦牛骨髓壮骨粉是好东西。非常遗憾的是，红太阳集团在打广告的同时，没有注意到销售终端的重要性。

这时候，有一家名为贵州神奇的公司，很快推出神奇牦牛骨髓壮骨粉。它的产品包装十分精美，而且量大实惠，很快就占领了市场。在市场上，它的陈列面积比彼阳大，气势上完全压倒对方，并且有专门的销售人员给消费者做热情的讲解。这些措施，直接导致彼阳的产品卖不出去。而贵州神奇公司，反而成了彼阳广告的真正赢家。

这样的例子多得是，比如血尔与红桃 K 的市场之争，同样是由于红桃 K 在做足了广告攻势之后，没有在城市的市场终端做好工作，给了血尔可乘之机。红桃 K 的产品档次低，只能做农村市场。而血尔相应地提高了包装档次，大肆占领城市市场，结果造成了红桃 K 在城市市场上的被动局面。

这些例子都说明了一个道理，产品广告做得再出色，如果没有铺开渠道，产品依然不能在市场上取胜，甚至有被竞争对手利用的危险。

因此，作为创业者必须注意，在公司的新产品上市时，无论如何去做广告宣传，都必须保证一点，就是顾客看到广告之后，能够顺利地买到新产品。否则，广告费只能打水漂了，一切努力都是白费。

2. 试点市场要慢跑，全国市场要快跑

史玉柱有这样一个营销理念，试点市场要慢跑，全国市场要快跑。具体来说，就是一家公司开发出一款新产品之后，如果想在全国市场取得成功，就必须先选择一两个小市场做试点，进行产品试销。试销的过程不能快，要慢慢来。等试点市场做成功之后，再把产品投向全国市场，这时候行动要快，要将产品在最短的时间内铺满市场。

公司在新产品大量投放市场之前，如果不做试销，一味贪大求快，一旦产品出现问题，企业就会非常被动，甚至会因此破产。创业者由于缺经验，加上技术不成熟，在开发出新产品之后，一定不要贸然进行规模化生产，而是要先进行试点。等公司对新产品进行反复测试，确保没有问题之后，才能开始扩大生产规模。

做好试销工作，还有助于了解市场的真实情况，为后续市场策划提供真实可靠的依据。一般而言，公司在研发某个产品之前，就做了大量的市场调研，然后根据市场的反馈信息，去研发产品。但是，市场是多变的。当公司在研发出新产品之后，其目标市场就可能发生这样或者那样的变化，公司已经制订好了的营销方案，可能是无效的。

因此，这时候公司需要通过试销验证原来的方案是否有效。公司通过试销，可以弄清楚消费者对新产品的感受怎么样，怎样推广新产品最有效、销售渠道怎么建立这些基本问题。在这之后，公司才能总结出有针对性的营销方案，继而为打开后续市场提供行之有效的方法。

做脑白金的时候，史玉柱曾亲自担任试销人员，走访了300多位大爷、大妈、大叔、大姐。通过对他们的调查，史玉柱了解到，很多老年人想吃保健品，但是怕贵舍不得买，而期望别人给他们送的真实想法。此后，他为特定区域的准消费者提供产品免费使用，并询问他们服用后的效果和感受。很多老人在服用脑白金之后，给出了积极的评价。于是史玉柱根据这些一手资料，设计了正确的营销方案，并制定出了“今年过节不收礼，收礼只收脑白金”的经典广告。

史玉柱因为有了脑白金成功的范例，按说在做黄金搭档的时候，已经对保健品市场有了足够的了解，不必再去做试销，也不会出现什么大问题。然而，在黄金搭档大规模投向市场之前，他依然很认真地做了试销工作。

黄金搭档的试销前后经历了三轮。第一轮，史玉柱选择了5个二线城市——绵阳、吉林、漳州等作为试点，用5种不同的销售方式进行试销。这一次试销的作用主要是采集数据，不考虑成败。在第一轮的基础上，公司设计了正式的营销方案。第二轮试销，巨人集团把黄金搭档投向10个城市，用前面总结出的销售模式进行试销，结果有的成功，有的失败。最后一轮试销，公司直接采用前面成功的销售模式，在华东市场进行更大规模的销售，结果取得成功。紧接着，公司把产品投向全国市场。

由此可见，最有效的营销方案是通过试销得来的。通过试销，公司可以对原来制定的销售方式和广告创意等进行改进，使之真正行之有效。如果公司没有做精细的试销工作，仅仅依靠前期的市场调查就制定出营销策略，很可能不符合新产品投入市场之后的实际情况，没有针对性。

既然试销工作如此重要，那么在做试销的时候就不能求快。许多企业因为面临巨大的竞争压力，想缩短试销时间，这样做，不仅没法发现新产品存在的隐性问题，也不可能据此做出有效的营销策略。

公司在完成试销工作之后，就要抓紧时间，把新产品投放市场，这个过程一定要快。现在市场上同质化竞争非常激烈，如果一家企业的新产品不能快速上市，很可能被竞争对手抢先一步，甩在身后。那样一来，公司想要赶上对手的步伐，就不太容易了。因此，当公司确定试销工作做好之后，一定要保证新产品可以迅速投放规模更大的目标市场。

3. 找到自己的细分市场

一家企业无论进军哪个行业，都必须具有竞争优势，这样才能在市场上立足。企业想要具备竞争优势，就要做到通常所说的“人无我有，人有我优”。但是随着科技的发展，特别是互联网技术的日益发达，每一个人和企业都能快速获取各种信息，一家企业想要通过做一个别人不知道的项目来取胜，几乎是不可能做到的事情。很多人都强调找到市场上的“蓝海”，事实上，“蓝海”很难找到。如果想要创业，创业者很可能要硬着头皮去进入“红海”。

创业公司一开始进入一个行业的时候，可以先向行业领先者看齐。研究它们在做什么，看看它们做得不足的是什么地方，为了弥补这种不足，创业公司最需要做的是什么。当创业者弄清楚了这些基本的问题之后，创业就会变得简单许多。

当然，许多行业的领先者是没有多少破绽和不足的，一般的创业者很难发现它们的漏洞。但是，我们必须清楚，大公司有大公司的特点，小公司有小公司的优势。大公司有很多不屑于做或者没有精力去做的地方，对于创业小公司而言，那就是“蓝海”，就是机会。抓住那个机会，就能迅速建立竞争优势。

事实上，企业在分析对手不足，去弥补这个不足的过程中，就做到了细分市场，开辟出“蓝海”。很多创业者都抱怨市场空白太少，没有发展机会。事实上并不是没有市场空白，而是由于它们只想跟对方直接竞争，不具备弥补对手不足的思想，结果当然就不可能发现属于自己的“蓝海”了。

一家企业想要获得竞争优势，并不是依靠单纯地细分市场，弥补对方的不足就可以完全做到的。因为如果那些大企业率先发现自己不足，并设法弥补的话，小企业就会很快丧失进一步发展的机会。因此，企业竞争优势的建立，还需要做到差异化。

4. 互联网思维改造企业，迎战销售旺季

利用旺季促销，不管是传统企业，还是互联网企业，都是增加销量的法宝。我们来看一个关于“旺季”的例子：

2015 年线上狂欢“双十一”临近，在酒类电商中，中国绵柔型白酒领军企业——洋河股份，顺应中秋后的旺季，其亦将迎来销售高潮。洋河股份的布局是走在行业前列的，除了在天猫、京东布局官方旗舰店，还自建平台，推出“洋河 1 号”APP 客户端布局 O2O（从线上到线下)。

线上业务布局，不仅可以增加销售，还可以与消费者互动，这就体现出了人性营销的魅力，并根据相关数据精准营销的平台。这就是洋河对于电商的理解，已升级到互联网思维，未来的线上线下业务互动，洋河的销售以及市场影响力将再一步提升。

洋河的线上线下模式，特别是大力发展互联网渠道，不但是大势所趋，还可以补充产品赢利。洋河股份认为，公司的互联网转型，绝不仅仅只是借助互联网卖酒，更是要将互联网思维渗透到企业运营管理、生产工艺、生产流程的重构上，力图通过积极探索互联网时代的先进商业模式，重新定义中国白酒行业。洋河的规划是：在短期内，用互联网思维把洋河打造成互联网化的公司。

什么是旺季？顾名思义，旺季就是指消费者对产品的需求较之平时大大增加的某一特定时期。造成销售旺季的因素有很多，如季节性因素，夏季是空调、冰箱等产品的销售旺季，冬季是羽绒服等保暖用品的销售旺季等；如突发性因素，流行性疾病发生时就是医药用品的销售旺季等。

对于店铺来说，包括网上店铺和实体店，一年之际在旺季，旺季往往代表着“卖方”市场，意味着销售量以及利润额的大幅提升。销售旺季，是店铺在一年当中挽回销售颓势而能够抓住的最后一根“救命稻草”。作为店铺，只有系统地思考旺季的走势及未来，及时采取旺季时的市场策略，才能在销售的黄金季节里游刃有余，有的放矢，从而取得销售量以及利润额的双丰收。

四、 好广告的标准是有效

好广告的标准是有效，比如，滴滴打车投入10亿元巨额补贴，打起营销战，众多中小规模的打车软件纷纷落马。滴滴打车与微信支付合作已经启动多轮营销，不仅将立减的金额从5元涨回到了10元，并推出了新用户首单立减15元的优惠，而且在情人节、感恩节等节日里发出大量红包，后又推出“四个小伙伴三个用滴滴”等一系列营销手段，着实实惠了价格战中的乘客和司机，用户活跃度高居不下。

1. 从“全面进攻”到“重点进攻”

一个企业资金实力再雄厚，也只能在几个重点行业、重点地区、重点产品上下工夫，如果没有做到重点突出而采取平均用力的话，就必然会失败。

聚焦的威力是巨大的。阳光普照大地，却不能将柴火点燃；但是，如果一束阳光通过透镜聚焦，一小段时间之后，就能把柴火点燃。湍流穿过大地，了无痕迹，而一滴水，如果持之以恒，却能穿透岩石。

做广告也是这样，企业只有实现广告的聚焦，才能达到好的传播效果。然而，很多企业在做广告的时候却没有实现聚焦，而是选择“全面进攻”。有的企业给它的所有产品都做广告，想通过广告告诉消费者其产品的所有功能。有的企业一开始做广告就寻找最大的广告平台，期待全国人民都认识它的产品。还有的企业把大量的资金砸向广告，持续一段时间后，由于没有后续资金支撑，就停止了广告宣传。以上这些广告策略都没有实质性的效果。

任何一家企业的产品都是卖给特定消费者的。产品的消费人群往往出现在特定的地区，特定的时间段，这就要求企业在做广告的时候，实行聚焦策略，集中财力物力对他们进行宣传。如果企业在做广告之前，没有对消费者进行定位，就可能不分地区、不分时间，乱打广告，最终因为没有抓住真正的消费人群，投出大量的广告而没有实际效果。

史玉柱最初开辟脑白金市场的时候，选择了以江苏无锡为切入点。他当时的资金只有50万元，在这50万元中，他拿出5万元给员工发放拖欠的工资，15万元用来支付生产厂家的费用，15万元作为预留费用，另外15万元用作广告费。为了使这15万元起到最大的效果，他选择了高度聚焦一个地区的方式，把资金全部投向江阴这个市场。

由于资金有限，史玉柱做不起电视广告，只能以小广告、新闻报道和健康常识这些形式，向消费者灌输脑白金观念。由于广告的密度特别大，一波接着一波，当地的消费者很快就接受了脑白金这一产品。

接着，史玉柱和他的团队以免费试用的方式向消费者赠送脑白金，赢得了良好的口碑。很快，脑白金在江阴第一个月的净利润就达到15万元，第二个月增加到30万元。

为什么史玉柱在脑白金起步的阶段，使用的是广告地区聚焦的策略呢？因为广告集中投放在一个地区，相比投放到更大的市场，投入要小很多，而且能够保证投放的密度。这样做，就能迅速地吸引这一地区的消费者，从而提高产品的销量。

相反，如果企业不采取地区聚焦的策略做广告，而采取全面铺开的策略，往往广告的效果不明显，而且很快就消耗掉企业大量的资金，一旦后续资金不足，企业将面临很大的风险。过去很多风光无限的企业，都是由于做广告的时候没有采取地区聚焦策略，直接全面铺开，虽然短时间内获得了不错的效益，由于后续资金不到位，无法坚持做广告，而走向衰落。

对于很多小企业而言，本身没有特别充足的资金用于广告投入，选择在一个地区集中投放广告，是比较明智的做法。这样做，一是可以检验广告的实际效果；二是能够使产品在一个地区迅速打开销路，为将来企业打开更大的市场夯实基础。

2. 与其自己做广告，不如别人来捧场

充分利用企业或企业家的知名效应，让媒体主动去报道你，这大概是最省钱的广告模式了。媒体需要新闻，尤其需要名人的新闻，不然读者没兴趣。所以，如果企业家能投媒体所好，不断培养自己的个人品牌，保持一定的曝光度，那么媒体就会趋之若鹜，时刻盯着他们的一举一动。当媒体报道企业家个人的时候，势必会顺带着报道企业家所带领的企业，这样一来，企业的品牌形象宣传，不用花一分钱就能实现。而且，这种报道属于媒体的主动行为，不带有广告的目的，所以对读者的影响力会更大。

企业家的个人形象，往往代表着企业的形象。所以，当媒体不断关注并赞扬企业家的个人形象时，企业的形象也同时得到了提升。

一提起华为，人们会产生由衷的敬佩感。这种敬佩，不是因为人们真的了解华为，而是人们从媒体上读到了关于任正非的种种报道，对任正非这个人产生了敬佩，然后才在感情上有了“转移”，对华为这家公司也产生了敬佩。

再以柳传志为例，他在媒体上总是给人一种“产业报国”的形象，结果，当这种印象潜移默化到每个人内心深处的时候，人们会自然而然地把联想也等同于“产业报国”的形象，于是，联想是中国民族企业的骄傲这一形象就被立起来了。

媒体对史玉柱的评价向来是毁誉参半，有的认可他的商业理念，有的质疑他的商业理念。结果，大众对史玉柱的评价也是毁誉参半：有人喜欢他，认为他是中国少有的商业奇才，但也有人厌恶他，认为他不过是一个投机取巧、满眼利益的商人。自然而然地，史玉柱所带领的巨人集团也就被有些人所赞扬，被有些人所厌恶。但这并不影响史玉柱对媒体的利用。对他来说，媒体和名人之间是互相利用的关系，只要能平衡好这种关系，媒体可以得利，企业也可以获得广告效应。

对企业家群体来说，打造个人品牌并不是一件容易的事。许多深谙个人品牌重要性的企业家，不断在各种场合发表一些言论，希望为自己树立起一个光辉良好的形象。但结果却是，无论自己如何绞尽脑汁、用尽心机，媒体还是不感兴趣，大众也始终对其没有什么印象。

另外一些企业家则恰恰相反，他们尽量保持低调，很少或绝不接受媒体采访，但媒体却始终对他们兴趣盎然，哪怕有一点机会也要对他们进行大肆报道。像华为的任正非，就从来不接受任何媒体的采访，但各种媒体上关于他的报道却始终络绎不绝。

截然相反的两种待遇，其实暗含了企业家个人品牌建立的游戏规则。对企业家来说，他们的核心专长是企业管理。而作为企业最高管理者，他们的使命就是带领企业持续获得成功。企业成功了，企业家的业绩就得到了体现，企业家的核心专长和个人价值也才能得到印证。成功本身就是吸引人们眼球的最佳要素。公众对于成功企业的领导者——企业家会有强烈的好奇心，并且愿意深入了解其经历、个性、爱好，然后进行学习和模仿。在这种强大的市场动力驱动下，媒体自然愿意把目光聚焦到那些成功企业的领导人身上。于是，公众的认知得以产生，企业家的品牌也自然而然地得以建立。

如果企业业绩不好，企业家无论用何种办法搏出位，都难以吸引公众的目光。关注成功者而忽视平凡者，本就是人性中的普遍心理。当然，如果像史玉柱那样失败得轰轰烈烈，也能引起人们的关注，不过，那种关注只属于昙花一现。如果你不能像史玉柱那样再爬起来用业绩证明自己，不用多久，人们就会彻底把你遗忘。

所以，那些无法树立起个人品牌的企业家，最根本的原因就在于他们所带领的企业没有什么让人惊讶的业绩。正因如此，企业家要想打造自己的个人品牌，首先就要带领企业做出业绩，而不能只靠“嘴上功夫”忽悠公众。企业家管理的企业只有获得了非凡的成就，企业家个人品牌的含金量才会得以提升。

3. 学会赚口碑相传的钱

在互联网时代，人们已经厌倦了包括电视、报纸、广播、杂志以及户外等那些长篇累牍甚至没完没了的广告。企业在广告上的投入产出比，已经不再像以前那样值得让人追捧了。

获得无数好评的《爸爸去哪儿》节目为英菲尼迪和999感冒灵等广告的植入也带入了一些无心插柳的效果。这档明星亲子真人秀节目横空出世之后的火爆程度，就连“芒果”台也未曾预料到。

在开播前，这档节目几乎无人知晓，但开播之后，这档节目在社交媒体上的讨论量直线上升，许多观看过这档节目的观众在各个社交平台上都给予好评，影响了周围更多的人主动去搜索观看，加上林志颖、田亮、张亮等明星在社交媒体上的互动，更是带动了一群粉丝进行讨论，算得上是口碑传播最典型的案例。

也许，对许多企业来说，都应该重新重视并打造口碑相传的广告模式。因为在一个消费者被无数媒体分流的时代，企业已经无法通过广告抓住所有的目标客户，而口碑相传的效应，则可以让潜在的消费者主动选择企业的产品，即便企业没有做任何的广告推广。

海底捞是四川的一家火锅店，刚开始进入北京的时候，并没有多少人看好它。因为北京是中国的政治和文化中心，餐饮业竞争非常激烈。北京人喜欢火锅，改革开放30多年，他们把全国各地的火锅都引到了京城。据不完全统计，北京火锅店不下4000家。在这样的背景